**Dimensões teórico-práticas
da recreação e do lazer**

SÉRIE CORPO EM MOVIMENTO

Dimensões teórico-práticas
da recreação e do lazer

Marcos Ruiz da Silva
Giuliano Gomes de Assis Pimentel
Gisele Maria Schwartz

Rua Clara Vendramin, 58 ▪ Mossunguê ▪ CEP 81200-170 ▪ Curitiba ▪ PR ▪ Brasil
Fone: (41) 2106-4170 ▪ www.intersaberes.com ▪ editora@intersaberes.com

Conselho editorial
Dr. Ivo José Both (presidente)
Dr.ª Elena Godoy
Dr. Neri dos Santos
Dr. Ulf Gregor Baranow

Editora-chefe
Lindsay Azambuja

Gerente editorial
Ariadne Nunes Wenger

Assistente editorial
Daniela Viroli Pereira Pinto

Preparação de originais
Floresval Nunes Moreira Junior

Edição de texto
Palavra do Editor
Guilherme Conde Moura Pereira

Capa
Laís Galvão (*design*)
wavebreakmedia/Shutterstock (imagem)

Projeto gráfico
Luana Machado Amaro

Diagramação
Andreia Rasmussen

Designer **responsável**
Débora Gipiela

Iconografia
Regina Claudia Cruz Prestes

Dados Internacionais de Catalogação na Publicação (CIP)
(Câmara Brasileira do Livro, SP, Brasil)

Silva, Marcos Ruiz da
 Dimensões teórico-práticas da recreação e do lazer/Marcos Ruiz da Silva, Giuliano Gomes de Assis Pimentel, Gisele Maria Schwartz. Curitiba: InterSaberes, 2021. (Série Corpo em Movimento)

 Bibliografia.
 ISBN 978-65-89818-50-2

 1. Educação física 2. Esportes 3. Eventos especiais 4. Lazer 5. Políticas públicas 6. Recreação I. Pimentel, Giuliano Gomes de Assis. II. Schwartz, Gisele Maria. III. Título. IV. Série.

21-63246   CDD-790.0135

Índices para catálogo sistemático:

1. Lazer e recreação   790.0135

   Cibele Maria Dias – Bibliotecária – CRB-8/9427

1ª edição, 2021.

Foi feito o depósito legal.

Informamos que é de inteira responsabilidade dos autores a emissão de conceitos.

Nenhuma parte desta publicação poderá ser reproduzida por qualquer meio ou forma sem a prévia autorização da Editora InterSaberes.

A violação dos direitos autorais é crime estabelecido na Lei n. 9.610/1998 e punido pelo art. 184 do Código Penal.

Sumário

Apresentação • 9

Como aproveitar ao máximo este livro • 13

Capítulo 1
Recreação e lazer em cursos de Educação Física • 19

1.1 Recreação e lazer no currículo de Educação Física • 22
1.2 Dimensão histórica do lazer e da recreação • 31
1.3 Lazer e recreação em espaços não formais • 41
1.4 Sentidos atribuídos ao lazer • 42
1.5 Sentidos atribuídos à recreação • 46
1.6 Campos de atuação • 49

Capítulo 2
Dimensões sociais do lazer • 59

2.1 Educação para e pelo lazer • 62
2.2 Dimensões educativas da recreação • 68
2.3 Política pública de lazer • 81
2.4 Gestão estratégica das experiências de lazer • 89
2.5 Lazer e qualidade de vida • 97

Capítulo 3
As práticas corporais no lazer • 109
   3.1 Práticas corporais e lazer:
       objeto da educação física • 112
   3.2 Esporte como lazer • 115
   3.3 Educação física, escola e lazer • 119
   3.4 Atividades físicas de aventura na natureza e lazer • 122
   3.5 As tecnologias da informação e comunicação (TICs)
       e as práticas corporais de lazer • 127

Capítulo 4
O lúdico e o lazer: jogos, brincadeiras e festas • 135
   4.1 Comportamento lúdico • 138
   4.2 Comportamento lúdico e fases
       do desenvolvimento humano • 147
   4.3 Brincadeiras e jogos como conteúdos no lazer • 163
   4.4 Festas e manifestações populares • 179

Capítulo 5
Contribuições teóricas no campo dos estudos
sobre recreação e lazer • 197
   5.1 Teorias de cunho econômico • 201
   5.2 Teorias sociológicas sobre o lazer • 206
   5.3 Teorias sociológicas do lazer • 212
   5.4 Inquietações contemporâneas sobre
       o ócio e o lazer • 220
   5.5 Matrizes teóricas e metodologias para pesquisar
       o lazer • 228

Capítulo 6
Projetos, programas e eventos de recreação e lazer • 243
   6.1 Planejamento em lazer • 246
   6.2 Estrutura de uma programação de lazer • 254
   6.3 Colônia de férias • 260
   6.4 Acampamentos • 268
   6.5 Rua de recreio e festivais recreativos • 270

Considerações finais • 279
Referências • 281
Bibliografia comentada • 289
Respostas • 291
Sobre os autores • 293

Apresentação

Tratar de recreação e lazer é sempre envolver-se com um tema polêmico, seja pela propagação de concepções preconceituosas, como a forte ligação com a ideia de "pão e circo", seja pelas diferentes correntes ideológicas que discutem esses temas. Embora o lazer seja objeto de estudo de diferentes áreas e, dessa forma, conte com diferentes abordagens, no Brasil, a educação física tem uma representatividade de expressiva relevância – quantitativamente e qualitativamente – nos estudos da recreação e do lazer.

Com a proposta de introduzir o leitor nas questões da recreação e do lazer, estruturamos esta obra com base em seis temáticas, distribuídas em seis capítulos. Os fundamentos teórico-práticos da recreação e do lazer são resultantes de estudos realizados nesse campo.

No Capítulo 1, abordamos a recreação e o lazer inseridos nos cursos de Educação Física, nas modalidades de bacharelado e de licenciatura. Nossa discussão se propõe a apresentar argumentos que permitam ao leitor compreender por que, em grande parte dos currículos, há disciplinas de recreação e lazer nos cursos de formação. Nessa linha, discorremos também sobre como o profissional de educação física pode se inserir nesse campo de atuação a partir de seu objeto, em particular, o corpo em movimento.

Ainda no primeiro capítulo, discutimos alguns aspectos referentes à dimensão histórica do lazer e da recreação. Consideramos também o lazer e a recreação em espaços não formais e destacamos alguns dos sentidos que lhes são atribuídos. Para finalizar esse capítulo, elencamos os possíveis campos de atuação nessa área.

No Capítulo 2, tratamos das dimensões sociais do lazer. Começamos nosso diálogo com uma discussão sobre o duplo aspecto educativo do lazer: educar pelo e para o lazer. Na mesma direção, examinamos as dimensões educativas da recreação, apresentando subsídios que propõem um olhar para a recreação distinto daquele voltado aos fundamentos do lazer.

Considerando que o tema *políticas públicas de lazer* é uma condição precípua para a efetiva consolidação do duplo aspecto educativo do lazer, apresentamos algumas características constituintes de uma política de lazer e alguns encaminhamentos para o estabelecimento de ações nesse campo.

Outro tema contemplado nesse segundo capítulo é a gestão estratégica das experiências de lazer, esclarecendo-se cuidadosamente o que pode ser entendido como tal. Para isso, descrevemos algumas funções de competência do gestor, como planejar, controlar e avaliar programas e projetos na área. Para fechar o segundo capítulo, apresentamos uma discussão sobre lazer e qualidade de vida, demonstrando o entrelaçamento entre esses dois objetos.

No Capítulo 3, voltamos nossa atenção especificamente às práticas corporais no lazer. Nesse sentido, enfocamos a ligação entre o objeto da educação física e as diversas possibilidades de práticas corporais que ocorrem nesse cenário. Destacamos o esporte como uma manifestação corporal no campo do lazer, levando em conta sua inter-relaçao com outras manifestações esportivas, como o esporte de rendimento e o esporte educacional.

Atribuímos uma atenção especial também ao ambiente escolar como um local privilegiado para as experiências de lazer, seja nos festejos ofertados à população em geral, seja no potencial que o recreio – dirigido ou livre – tem de promover uma educação para o lazer.

As atividades físicas de aventura na natureza e as tecnologias da informação e comunicação (TICs) são temáticas emergentes que precisam ser incorporadas nas discussões sobre a recreação e o lazer. Desse modo, apresentamos um panorama de como as práticas corporais dialogam com esses assuntos.

Considerando a ludicidade um componente central nas experiências de recreação e lazer, no Capítulo 4, abordamos o comportamento lúdico, as funções do brincar na sociedade e a manutenção de tal comportamento durante todo o desenvolvimento do indivíduo, até sua velhice. Para aprofundarmos dois conteúdos do universo lúdico por excelência, destacamos algumas características da brincadeira e do jogo, apontando situações práticas como sugestões.

Para finalizarmos esse capítulo, tratamos das festas na condição de manifestações populares, com o papel de preservar as tradições, apesar das transformações pelas quais passam para se adaptarem ao contexto de cada época. Tomamos o cuidado de elencar algumas das festas populares que ocorrem no Brasil, apresentando, ainda, algumas sugestões de como o profissional de educação física pode organizar uma festa no contexto do lazer.

No Capítulo 5, analisamos diversas abordagens teóricas que contribuem para os estudos do lazer. Esse capítulo tem como objetivo permitir ao leitor o diálogo com diversas perspectivas e formas de analisar o lazer, na qualidade de um fenômeno socialmente construído. Para isso, apresentamos o enfoque de alguns sociólogos, como Pierre Bourdieu, Norbert Elias, Thorstein Veblen, Joffre Dumazedier e Nelson Carvalho Marcellino. Dessa forma, tratamos do lazer como indústria, como possibilidade de um controle-descontrolado, entre outras perspectivas.

O Capítulo 6 assume um caráter mais aplicado, abrangendo projetos, programas e eventos de recreação e lazer, no âmbito do planejamento em lazer. Discutimos também como se organiza e se estrutura uma programação de lazer, além de aspectos gerais relativos à organização de colônias de férias, acampamentos, ruas de recreio e festivais recreativos.

Como aproveitar ao máximo este livro

Empregamos nesta obra recursos que visam enriquecer seu aprendizado, facilitar a compreensão dos conteúdos e tornar a leitura mais dinâmica. Conheça a seguir cada uma dessas ferramentas e saiba como estão distribuídas no decorrer deste livro para bem aproveitá-las.

Introdução do capítulo

Logo na abertura do capítulo, informamos os temas de estudo e os objetivos de aprendizagem que serão nele abrangidos, fazendo considerações preliminares sobre as temáticas em foco.

A área de educação física tem sido uma das responsáveis pelo desenvolvimento do conhecimento sobre recreação e lazer. Além da fundamentação teórica pertinente, espera-se que os estudos nessa área também possam prover conteúdos que habilitem o profissional a atuar como monitor, recreador ou mesmo empreendedor nos diversos ambientes em que as práticas que envolvem esses campos ocorrem.

Para refletir

Aqui propomos reflexões e questionamentos a respeito dos conteúdos estudados, buscando estimular o pensamento crítico.

Importante!

Algumas das informações centrais para a compreensão da obra aparecem nesta seção. Aproveite para refletir sobre os conteúdos apresentados.

Indicações culturais

Para ampliar seu repertório, indicamos conteúdos de diferentes naturezas que ensejam a reflexão sobre os assuntos estudados e contribuem para seu processo de aprendizagem.

Síntese

Ao final de cada capítulo, relacionamos as principais informações nele abordadas a fim de que você avalie as conclusões a que chegou, confirmando-as ou redefinindo-as.

Atividades de autoavaliação

Apresentamos estas questões objetivas para que você verifique o grau de assimilação dos conceitos examinados, motivando-se a progredir em seus estudos.

■ **Atividades de autoavaliação**

1. Considere as afirmativas a seguir, referentes ao lazer:
   i. Educação, cultura, políticas e qualidade de vida estão entre as dimensões sociais que afetam o lazer.
   ii. Fluxo é a capacidade de buscar e usufruir experiências divertidas e prazerosas de lazer, enquanto fruição é o estado ótimo de experiência lúdica.
   iii. O modelo P.A.I.E. (Permanente, Agradável, Interessante e Especial) é um modelo de educação para o lazer utilizado na animação sociocultural.

   Agora, assinale a resposta correta:
   a) Somente a afirmativa I é verdadeira.
   b) Somente as afirmativas I e II são verdadeiras.
   c) Somente as afirmativas II e III são verdadeiras.
   d) Somente a afirmativa III é verdadeira.
   e) Todas as afirmativas são verdadeiras.

2. Complete a frase a seguir utilizando os termos disponíveis:
   O ____ precisa ter cultura ____ para programar variadas sensações ____ e diferentes conteúdos ____ para promover ____ de lazer que aumentem as chances de ____.
   Qual é a sequência de termos que corresponde ao correto preenchimento da frase?
   a) aluno, acadêmica, física, de lazer, atividades, sucesso.
   b) recreador, de massas, corporais, lúdicos, momentos, diversão.
   c) profissional, específica, cognitivas, esportivos, tipos, liberdade.
   d) gestor, geral, lúdicas, culturais, experiências, fluxo.
   e) animador, popular, emocionais, criativos, programas, sociabilidade.

Atividades de aprendizagem

Aqui apresentamos questões que aproximam conhecimentos teóricos e práticos a fim de que você analise criticamente determinado assunto.

■ **Atividades de aprendizagem**

Questões para reflexão

1. Considere a possibilidade de conhecer mais sobre o local onde você mora, seu estado, sua cidade ou mesmo seu bairro, mais especificamente sobre a vida recreativa dos habitantes de tal localidade. Pesquise sobre a forma como as pessoas se divertiam em épocas passadas e se divertem no presente – as atividades, os locais, os equipamentos, as vestimentas. Organize as informações por período ou delimite um período específico. Não se preocupe em avançar muito no tempo. Feito isso, faça comparações entre as informações levantadas sobre esse período e o período atual. Você vai notar semelhanças e características muito peculiares.

2. Faça uma pesquisa com seus colegas ou mesmo com outros estudantes e profissionais de educação física (formados em licenciatura ou bacharelado) sobre o que eles entendem por lazer e recreação. Solicite a cada um que escreva uma frase que identifique suas impressões sobre as semelhanças e as diferenças entre os dois conceitos. Após essa fase, agrupe as informações para interpretar qual é o sentido que esses profissionais atribuem a cada um desses termos.

Atividade aplicada: prática

1. Entreviste cinco profissionais de educação física que atuam com recreação, questionando-os a respeito destes tópicos:
   a) Como o profissional tomou conhecimento da existência desse campo de atuação?
   b) Quais são os principais problemas que o profissional enfrenta na profissão?
   c) Como ele escolhe as atividades a serem aplicadas?
   d) Que sugestões ele daria para quem vai atuar nesse campo?

Bibliografia comentada

Nesta seção, comentamos algumas obras de referência para o estudo dos temas examinados ao longo do livro.

Bibliografia comentada

DE MASI, D. *O ócio criativo*: entrevista a Maria Serena Palieri. Rio de Janeiro: Sextante, 2000.

A tese defendida por Domenico De Masi é a de que o homem não precisaria dedicar várias horas diárias ao trabalho dentro de uma empresa. Para o autor, o avanço da tecnologia libera a humanidade da necessidade de devotar demasiado tempo às atividades laborais. Esse livro desafia a sociedade a pensar na redução da jornada de trabalho de forma drástica. Para De Masi, as pessoas teriam mais tempo para explorar outras dimensões da vida pessoal, mais particularmente o lazer. Nessa dimensão, as experiências individuais e coletivas têm a capacidade de revitalizar as relações e de apresentar às pessoas conteúdos culturais – literatura, artes cênicas, museus, artes visuais, esportes –, conteúdos que seriam traduzidos em aprendizado ou, como afirma De Masi, em ócio criativo.

Capítulo 1

Recreação e lazer em cursos de Educação Física

Gisele Maria Schwartz

A área de educação física tem sido uma das responsáveis pelo desenvolvimento do conhecimento sobre recreação e lazer. Além da fundamentação teórica pertinente, espera-se que os estudos nessa área também possam prover conteúdos que habilitem o profissional a atuar como monitor, recreador ou mesmo empreendedor nos diversos ambientes em que as práticas que envolvem esses campos ocorrem.

Tendo isso em vista, este capítulo lhe ajudará a conhecer os aspectos que são importantes para a formação em Educação Física com foco na recreação e no lazer. Buscamos organizar este capítulo de modo que ele possa colaborar em sua atuação profissional, com base na palavra de especialistas da área da recreação e do lazer e nos questionamentos propostos para reflexão.

Vejamos, a seguir, quais objetivos buscaremos alcançar no âmbito do domínio cognitivo:

- Compreender as características gerais da recreação e do lazer.
- Identificar os campos de atuação do profissional de educação física na esfera da recreação e do lazer, nos contextos formal e não formal.

1.1 Recreação e lazer no currículo de Educação Física

Por tradição, percebe-se que os conhecimentos sobre recreação e lazer são transmitidos dentro dos programas de formação nos cursos de Educação Física (Isayama, 2002). Não há uma razão lógica para isso, porém as características de aplicação de atividades lúdicas, as quais permeiam os conteúdos da recreação e do lazer, parecem ter se adequado ao contexto de atuação do profissional de educação física. Isso pode ser decorrente das particularidades teóricas e práticas dos processos de ensino nessa área, sobretudo pela proximidade com o desenvolvimento e a oferta de diferentes tipos de jogos e uma gama variada de atividades lúdicas.

> **Para refletir**
>
> É importante lembrar que esse privilégio do desenvolvimento de conhecimentos sobre recreação e lazer não é apenas da área de educação física, pois outros campos, como o turismo (Araújo; Silva; Isayama, 2008), a sociologia (Selas, 2017; Parker, 1978) e a educação (Marcellino, 2010), também tratam desses conteúdos; entretanto, isso é feito de forma menos enfática, embora com importantes associações. Assim, não há um consenso a respeito de uma possível prioridade de estudos sobre recreação e lazer no campo da educação física, haja vista que nem todos os cursos dessa área efetivamente oferecem disciplinas sobre essas temáticas em sua formação (Isayama, 2004).

Considerando o contexto das instituições públicas ou privadas nos diversos níveis de formação em Educação Física (cursos técnicos, graduações, pós-graduações), percebemos que a oferta de disciplinas que englobam as temáticas relacionadas à recreação e ao lazer não é constante nem há padronização em relação aos conteúdos desenvolvidos. Esses temas, portanto, não são contemplados apenas na Educação Física, uma vez que recebe enfoques diversificados em outras áreas. Nesse sentido, podem ser identificadas importantes perspectivas para a reflexão sobre o assunto.

1.1.1 Por que estudar recreação e lazer?

Ainda existem indefinições sobre qual deveria ser a área responsável pela formação adequada para atuar com recreação e lazer. Nesse contexto, há a necessidade de se voltar a atenção para a importância social desses conteúdos, uma vez que existe uma demanda crescente de mercado para o campo de atuação com recreação e lazer na contemporaneidade, bastante valorizada em diversos setores (Werneck; Stoppa; Isayama, 2001).

Por isso, é importante que os profissionais saibam desenvolver esses conteúdos adequadamente, conhecendo suas características e perspectivas.

Ao focalizarmos especificamente o desenvolvimento do escopo teórico de base sobre lazer e recreação nos cursos de formação em Educação Física, podemos notar que não há uma padronização das abordagens, as quais ficam dependentes do olhar e do conhecimento do próprio professor que leciona a disciplina, quando ela faz parte da grade curricular, o que nem sempre ocorre. Mesmo com essa defasagem de oferta, alguns cursos de Educação Física contemplam o universo envolvendo essas temáticas no direcionamento de seus currículos, por meio de aulas teóricas e práticas, tanto em cursos técnicos como nos de graduação e de pós-graduação.

Os conteúdos das disciplinas são bastante diversificados, abrangendo concepções variadas acerca desses temas. São desenvolvidos nesses cursos tanto de forma conjunta (em uma única disciplina) como de forma separada, conforme os objetivos das próprias disciplinas ou da grade curricular dos cursos.

Cabe destacar aqui o estudo de Silva et al. (2018), em que se buscou entender as diretrizes relacionadas com a oferta de disciplinas sobre recreação e lazer em instituições de ensino superior estaduais e federais no estado de São Paulo. Nesse estudo, é possível perceber que as grades curriculares oferecem disciplinas bem variadas, em que o lazer e a recreação são discutidos ora como protagonistas, ora como elementos secundários, juntamente com outros temas.

O artigo citado aponta a existência de disciplinas com nomes bastante variados, a saber: Lazer e Planejamento; Lazer e Sociedade; Fundamentos Teóricos do Lazer; Lazer e Movimento Humano; Jogo, Atividades Lúdicas e Lazer; Práticas Formativas em

Jogo, Atividades Lúdicas e Lazer; Lazer e Educação; Fundamentos do Lazer; Atividades Lúdicas e Lazer; Práticas Curriculares em Atividades Lúdicas e Lazer; Estágio Supervisionado em Recreação e Lazer; Gestão em Educação Física, Lazer e Saúde. Nessa variedade de títulos das disciplinas ofertadas, cada uma apresenta um direcionamento, mas, mesmo assim, evidencia o termo *lazer*, o que denota a existência de atenção à temática no campo de formação em Educação Física.

Por esse motivo, ressaltamos a importância de que a formação relacionada com recreação e lazer seja multidisciplinar, baseada nas contribuições de diferentes áreas e abordagens científicas. Além disso, precisam ser levados em consideração os aspectos relativos aos conceitos, às características, às formas de aplicação e às esferas de atuação pertinentes, de modo a subsidiar o futuro profissional para lidar adequadamente com as singularidades que envolvem esses campos, em diferentes contextos

Nesse sentido, também é importante que se estabeleçam projetos político-pedagógicos nos cursos de formação em Educação Física com o intuito de promover o aprimoramento de programas, ementas e planos de ensino, a fim de ampliar a abordagem sobre esses temas. Para que isso ocorra a contento, é imprescindível uma mudança de valores em relação ao lazer como fenômeno sociocultural e direito constitucional, para que este seja denotado no contexto da qualidade de vida.

Outro enfoque relevante, relacionado com a justificativa de formação do profissional de educação física para atuar nos campos da recreação e do lazer, diz respeito ao fato de que a promoção da educação para e pelo lazer também é tarefa do profissional dessa área. Na medida em que a educação física se encontra na área da saúde, esse profissional tem estreita relação com a transmissão de conhecimentos acerca dos elementos associados ao bem-estar e à qualidade de vida. Para instigar a adoção de hábitos saudáveis, é fundamental que a temática envolvendo a educação para e pelo lazer seja inserida e revitalizada no contexto dos cursos de Educação Física, voltando-se ao propósito de dinamizar mudanças nos estilos de vida e contribuir para ampliar a percepção sobre qualidade de vida.

Para refletir

Considerando-se os conteúdos que abordamos até aqui sobre a recreação e o lazer, qual é sua opinião sobre a importância do aprofundamento teórico e prático acerca dessas atividades na formação em Educação Física?

1.1.2 Como o profissional de educação física pode incentivar a educação para e pelo lazer?

O enfoque sobre a educação para e pelo lazer faz todo o sentido na área de educação física, podendo ser inserido nas reflexões e propostas teóricas relacionadas à adoção de um estilo de vida ativo e saudável, por meio da difusão de conhecimentos sobre as inúmeras formas de vivenciar espontaneamente e de modo autônomo as atividades do contexto do lazer. Por isso é muito importante refletir sobre essa perspectiva.

Para que isso ocorra, a educação física precisa valorizar o lazer e a recreação como campos para a futura atuação desse profissional. Além disso, a área deve apresentar subsídios que auxiliem esse profissional na tarefa de compreender essas demandas.

A proposta de envolvimento do profissional de educação física com a educação para e pelo lazer se baseia no desenvolvimento dos modos de ação e de conteúdos abrangentes. Nesse sentido, a tarefa desse profissional está fundamentada no redimensionamento dos processos de ensino e aprendizagem no tocante às diferentes formas de vivência no contexto do lazer, com o intuito de estimular o desenvolvimento de novas habilidades (físicas, cognitivas, psíquicas e sociais), imprimindo-se mais visibilidade e positividade ao tema (Pimentel; Santos; Boaretto, 2014; Marcellino, 2010). Essa tarefa salienta a necessidade de motivar as pessoas para a adoção de estilos de vida saudáveis, com opções de atividades prazerosas e que façam sentido para cada pessoa (Schwartz et al., 2016).

A valorização do lazer está diretamente associada ao quanto uma pessoa conhece e aceita a importância desse aspecto no âmbito da qualidade de vida, pautada, inclusive, em experiências anteriormente vivenciadas. Dessa forma, o profissional de educação física pode contribuir com esclarecimentos e informações, capazes de auxiliar no redimensionamento dos valores associados ao lazer e na ampliação da grade de opções disponíveis na recreação, para estimular uma escolha esclarecida, crítica e autônoma (Pimentel, 2003). Entretanto, isso só será viável, conforme ressalta Souza (2018), se o profissional tiver uma formação contínua e atualizada sobre esses temas, que o torne crítico e consciente dos direitos envolvidos e de seu protagonismo na passagem desses valores, percebendo também a relevância de seu papel social. Outras informações para ajudar na compreensão desses temas estão nas referências citadas.

Para refletir

Quais são os motivos pelos quais o profissional de educação física deve estar sempre atualizado?

1.1.3 Como o profissional de educação física pode fortalecer os valores associados ao lazer e à recreação na sociedade?

É de extrema importância que o profissional de educação física atue de modo a contribuir para a valorização da recreação e do lazer, uma vez que estes são direitos adquiridos, mas nem sempre devidamente usufruídos. Por isso é muito importante que saiba mais sobre vários aspectos que envolvem esse tema.

A discussão acerca do redimensionamento dos valores associados à recreação e ao lazer nos cursos de formação em Educação Física pode ser feita, inicialmente, com base na inserção de reflexões sobre o teor da Carta Internacional de Educação para o Lazer (Silva; Raphael; Santos, 2006). Esse documento foi elaborado pela Associação Mundial de Recreação e Lazer, antiga World Leisure and Recreation Association (WLRA), hoje, World Leisure Organization (WLO), tendo como intuito fomentar discussões sobre a valorização do lazer em todas as sociedades.

Indicação cultural

WORLD LEISURE ORGANIZATION. Disponível em: <http://www.worldleisure.org/about-us/>. Acesso em: 23 mar. 2021.

Acesse esse *site* para conhecer uma das importantes organizações que disponibilizam informações referentes ao lazer e à recreação, agregando novas reflexões ao conteúdo abordado neste capítulo.

Essa preocupação está difundida em nível mundial, e esse documento representa uma relevante estratégia de apoio para intervenções pedagógicas envolvendo o tema. Os elementos principais do conteúdo dessa carta foram destacados por Silva, Raphael e Santos (2006), que ajudam a compreender seu teor, o qual pode ser apropriado pelo profissional de educação física na tarefa de educar para e pelo lazer.

Os objetivos desse documento estão centrados na divulgação dos significados atribuídos ao tema, dos conteúdos relacionados às atividades do contexto do lazer, de seus principais benefícios e da responsabilidade de dirigentes, gestores e instituições de ensino na difusão dessas ideias. Além disso, é salientada a importância da comunidade, das escolas, dos agentes educacionais e de outras instituições no redimensionamento de políticas públicas e de princípios norteadores para se alcançar a educação para e pelo lazer.

Nesse documento, o lazer está definido como um fenômeno sociocultural, o qual permite experiências humanas escolhidas com liberdade, autonomia e criatividade, propiciando a satisfação e o entretenimento (Silva; Raphael; Santos, 2006). O conceito também revigora a associação entre lazer e qualidade de vida, reiterando o valor dos conteúdos culturais do lazer, não apenas como formas de usufruto, mas também como geradores de bens e serviços. Nessa perspectiva, existe o fomento à aquisição de hábitos saudáveis e da percepção sobre as formas de ampliação do bem-estar, por intermédio de atividades que atendam às expectativas e necessidades em cada fase do desenvolvimento humano.

Outro ponto relevante a ser destacado nessa carta é a atenção aos aspectos da inclusão. O documento deixa claro esse princípio, o qual deve ser respeitado também nos âmbitos do lazer e da recreação. O profissional de educação física pode se apoiar nesse documento para difundir o lazer como direito social, o qual consta na Constituição do Brasil, instituída em 1988 (Brasil, 2007). Com isso, ele deve mostrar as opções de preenchimento do tempo disponível com qualidade, sendo agente das transformações necessárias para a devida valorização do lazer na sociedade, buscando atender às diversas realidades que se apresentam em sua atuação em âmbito nacional e conduzir as pessoas para vivências significativas no lazer.

1.1.4 Educar para e pelo lazer: uma perspectiva política

Certamente, a tarefa de envolver a sociedade com a perspectiva da educação para e pelo lazer não se restringe, apenas, ao compromisso do profissional de educação física, mas requer uma somatória de iniciativas, incluindo a implementação de políticas públicas mais incisivas, capazes de propiciar o atendimento das necessidades e expectativas da população. Entretanto, até nesse âmbito da formulação de novas políticas públicas, a ação do profissional de educação física pode contribuir de forma associada e mesmo incisiva.

O profissional de educação física deve dedicar um atenção especial ao desenvolvimento de projetos que possam estimular a participação cidadã e revitalizar os espaços públicos de acesso às atividades recreativas e do contexto do lazer. A capacitação desse profissional exige atualização constante, para que ele compreenda seu papel e os compromissos de sua profissão, juntamente com outras organizações e instituições, na perspectiva de tornar-se protagonista dessas mudanças de valores em relação à importância do lazer, de forma qualitativa.

Os cursos de formação em Educação Física, portanto, necessitam ampliar as discussões sobre esse tema, compreendendo o papel fundamental desse profissional para a valorização do lazer e oferecendo novas estratégias pedagógicas, capazes de prepará-lo para assumir as demandas do perfil para atuar adequadamente nos campos da recreação e do lazer. Por isso é tão importante munir esse profissional com os aportes teóricos, bem como favorecer o conhecimento sobre as estratégias viáveis de atuação em diversos contextos. Por outro lado, isso também pode representar um desafio, o qual deve ser enfrentado nos cursos de formação em Educação Física.

||| *Para refletir*

De que forma você, como profissional de educação física que atua em escolas, poderá contribuir com a educação para e pelo lazer? Poderia citar como exemplo algumas ações possíveis?

Que estratégias você pode adotar para convencer seus alunos/clientes da importância do lazer no contexto da qualidade de vida, durante sua futura atuação profissional?

1.2 Dimensão histórica do lazer e da recreação

Para compreender o universo que envolve o lazer e a recreação na atualidade, torna-se necessária uma pequena incursão na história. Essa volta ao passado se justifica pela importância de se conhecerem as trilhas que levaram esses dois elementos – recreação e lazer – ao patamar em que estão hoje na sociedade. Inicialmente, o foco recai sobre o lazer e, posteriormente, sobre a recreação.

1.2.1 Dimensão histórica do lazer

Para iniciar a reflexão sobre este primeiro tema, o lazer, seria interessante você pensar atentamente sobre isto:

- Será que o homem primitivo já vivenciava alguma atividade relacionada ao contexto do lazer?
- Desde quando esse fenômeno começou a fazer parte das culturas?

Esses questionamentos são interessantes pelo fato de que nem mesmo a literatura específica sobre o tema apresenta um consenso sobre a origem do lazer. Uma das vertentes desses estudos considera que o lazer sempre existiu, porém não era sistematizado, organizado como é na atualidade. Havia o interesse e o desfrute de momentos pautados na vivência do lúdico, com possibilidades de enriquecimento de experiências e desenvolvimento pessoal (Munné, 1980).

A outra vertente de estudos sobre o lazer o caracteriza como um elemento diretamente associado ao contexto do trabalho (Mascarenhas, 2005). Sob essa ótica, ele passa a existir e a ser sistematizado a partir da organização social do tempo de trabalho. Com a regulamentação de tempos específicos de trabalho e de não trabalho, houve ganhos que impulsionaram direitos ao trabalhador, como férias anuais remuneradas e aposentadoria, dando mais visibilidade ao lazer, no âmbito da perspectiva do tempo disponível (Marcellino, 2010).

Historicamente, no Brasil, a ideia de um tempo disponível destinado ao lazer e às diversas formas de preenchimento desse tempo recebeu influência de outras culturas. Quando as primeiras levas de trabalhadores da Inglaterra chegaram ao país para a construção de estradas de ferro, trouxeram consigo um modo de vida que foi logo assimilado, incluindo atividades que faziam parte daquele contexto, desenvolvidas, sobretudo, em associações e clubes. Assim, ampliaram-se as perspectivas de entretenimento, em que a fruição artística e o teatro ganharam notoriedade.

Outra influência bastante marcante veio da França, em meados do século XIX. Nessa época, vigorava a ideia de se poder escolher uma atividade pelo simples prazer de vivenciá-la.

Contudo, nessa fase da história, também se impunham diferenciações entre classes sociais, na medida em que algumas atividades eram voltadas apenas para classes mais abastadas e outras para classes menos privilegiadas. Percebia-se igualmente, de forma nítida, a discrepância de gênero, uma vez que havia atividades predominantemente masculinas, como frequentar cafés ao ar livre, clubes e determinados tipos de jogos, cabendo às mulheres, muitas vezes, a participação apenas em casa (Mascarenhas, 2005).

O lazer, portanto, é um fenômeno sociocultural moderno, o qual foi sistematizado na atualidade, conforme a reorganização do tempo destinado ao trabalho. Assim, existem diferenciações entre os tipos de atividades vivenciadas no tempo disponível destinado ao lazer, as quais são constantemente atualizadas ao longo do tempo.

As características dessas atividades também se alteraram, já que elas sofreram diversas influências no decorrer do tempo. Antigamente, as vivências estavam mais voltadas ao associativismo e ao clubismo, também no contexto corporativo, recebendo até mesmo estímulos estatais na forma de políticas públicas, a exemplo da campanha Esporte Para Todos (Cavalcanti, 1984), a qual visava à massificação do esporte e ao incentivo à adoção de hábitos saudáveis.

A necessidade humana constante de buscar espaços para vivências prazerosas, com mais liberdade para as expressões pessoais, em que possa haver desenvolvimento tanto no nível pessoal como no social, fez com que o lazer se configurasse na esfera da cultura associada ao tempo disponível (Marcellino, 2010). Ainda que possa haver diferenciação de classe nas possibilidades de escolha das atividades a serem vivenciadas, se houver uma atitude favorável e a valorização do lazer, sempre haverá novas opções de atividades que atinjam essas expectativas, visto que o lazer é constituído de um tempo/espaço de não trabalho, adequado à materialização de experiências prazerosas e enriquecedoras.

Como afirmamos, essas condições estavam subordinadas a outras esferas do viver humano, como o trabalho, e também à valorização ou não do lazer. No entanto, atualmente, há a necessidade de se perceber a interferência de uma fragilidade nessas perspectivas, haja vista que o lazer passou a ser dominado pelo contexto do trabalho, o qual tem supremacia na valorização pela sociedade, sendo, inclusive, mercantilizado.

> **Importante!**
>
> Dumazedier (1980), na época de seus estudos, evidenciou a possibilidade de as atividades de lazer exercerem três funções, o que se convencionou chamar de **3D: descanso, desenvolvimento** e **divertimento**.

De todo modo, parece haver a necessidade de uma resistência a isso, já que o ser humano não pode prescindir de vivências prazerosas e enriquecedoras. Assim, há também um caráter de subversão dessa ordem imposta pelo mundo do trabalho, em que as pessoas buscam espaços para experimentarem o lúdico. Com isso, muitas práticas do âmbito do lazer foram atualizadas, sobretudo com o avanço tecnológico, que possibilitou até mesmo que o lúdico, antes vivenciado apenas no contexto da recreação, pudesse perpassar o âmbito do trabalho, como ocorre com as novas profissões de *gamers* ou atletas de *e-sports* (esportes eletrônicos).

Essas novas configurações são claramente percebidas no campo do lazer, a partir da interferência direta da evolução tecnológica. As formas de diversão foram bastante afetadas com a chegada da internet e dos recursos do ambiente virtual (Schwartz, 2003). O lazer, portanto, se torna um veículo de expressão das condições da sociedade em diferentes épocas, sendo também influenciado pelo mundo do trabalho e mantendo-se em estreita relação com ele.

Com base nessas atualizações necessárias, ocorridas na contemporaneidade, há uma ressignificação do lazer, o qual pode representar um espaço para a humanização, assim como pode promover a alienação, ou seja, pode ser utilizado de maneira positiva ou não muito positiva. Assim, o profissional de educação física compartilha a responsabilidade de empregar esforços para oferecer espaços de reflexão, capazes de aprimorar valores e incentivar atitudes positivas e proativas relacionadas ao lazer, contribuindo para uma transformação regenerativa da sociedade, em que possa haver mais igualdade, respeito e oportunidades.

Apesar de o lazer ser hoje um direito social adquirido, nem sempre esse direito é usufruído como uma prerrogativa por todos os membros da sociedade. Desse modo, muito ainda se precisa avançar para que os cidadãos possam exercer de fato esse direito. São necessárias políticas públicas eficientes e duradouras, as quais possam centrar a atenção no exercício da inclusão e da cidadania.

A fim de estimular a disseminação dos conhecimentos sobre o direito ao lazer, é preciso que o profissional de educação física desenvolva ações pontuais. Ao atuar no âmbito formal da educação, em aulas de Educação Física, ou no contexto do lazer, em academias, hotéis e outros espaços, esse profissional pode fornecer subsídios em sua atuação prática para ampliar a educação para e pelo lazer, bem como promover novos valores e atitudes.

Para que isso ocorra, esse profissional deve se atualizar mediante a aquisição de conhecimentos produzidos em forma de artigos científicos e livros, além de acompanhar as discussões e as reflexões fomentadas na atualidade participando de congressos da área. A inserção em grupos de estudos nas diversas universidades também pode ser um recurso importante para agregar conhecimentos.

Portanto, o avanço dos estudos sobre o lazer também depende de você, futuro profissional de educação física!

Para refletir

Em sua atividade como profissional de educação física, como você poderia contribuir para promover novos valores e atitudes associados à recreação e ao lazer entre as pessoas com quem pode atuar?

1.2.2 Dimensão histórica da recreação

Vamos refletir agora sobre a recreação e, para isso, começaremos com os seguintes questionamentos:

- Recreação é o mesmo que lazer?
- A recreação só diz respeito à infância?

Vejamos, na sequência, como podemos responder a essas perguntas.

A recreação tem sido associada à espécie humana em todos os tempos. Inicialmente, esse tipo de atividade estava vinculado apenas à perspectiva de divertimento, tendo as atividades lúdicas como base e representando uma parte essencial da vida dos seres humanos (Werneck; Isayama, 2003). O desejo de recrear-se está presente em todas as fases do desenvolvimento de uma pessoa, não sendo restrito à infância. O que é alterado ao longo da vida é o interesse por determinadas atividades, o qual pode ser diferente em cada etapa da vida. Portanto, o ser humano herda a necessidade e o desejo de se divertir, manifestos em todas as fases de seu desenvolvimento, sendo alterados, apenas, os tipos de atividade pelos quais se interessa.

Desde a Pré-História, a recreação já estava presente, ligada a festejos comemorativos no início da temporada de caça ou associada à adoração de alguns deuses ou mesmo em cerimônias fúnebres (Guerra, 1988). Para além da diversão em si, a recreação também assumia um caráter religioso, o qual era ritualizado com a presença de elementos lúdicos, transmitidos por gerações, ainda que fossem alteradas suas formas e objetivos de aplicação.

Posteriormente, houve um redimensionamento dessa essência lúdica, uma vez que outras perspectivas foram agregadas ao entendimento da recreação, como a utilidade para a sociedade ou as vertentes educacional e da saúde, conferindo-se à recreação um caráter funcional. Assim, a recreação passou a ter uma finalidade social, assumindo a função de beneficiar o cidadão, com o intuito de que este se preparasse para ser útil à sociedade à qual pertencia.

A recreação sistematizada parece ter tido início na Alemanha, por volta de 1774, com base na proposta de Johann Bernhard Basedow, um professor dinamarquês. Esse educador fundou o Philantropium, uma espécie de instituição cujo currículo consistia de horas destinadas ao trabalho físico e cognitivo – envolvendo matérias teóricas –, horas de trabalhos manuais e horas para a recreação – incluindo atividades físicas generalizadas, esportes, lutas, caça, danças e excursões (Guerra, 1988).

Já nos Estados Unidos, a recreação foi sistematizada inicialmente em Boston, por volta de 1885, com a criação de parques com areia para crianças pequenas. Como essa atividade não motivava a participação de crianças com mais idade, foram criados outros espaços maiores, para que a recreação, os jogos e a ginástica pudessem ser praticados. Também houve a transferência dos parques infantis para o contexto escolar, surgindo parques de recreio, os quais receberam a denominação de *playgrounds*.

A partir do início dos anos 1900, foram criados órgãos específicos para organizar as dimensões da recreação em parques e grandes reservas naturais dos Estados Unidos. Assim, associações de recreação permitiram o desenvolvimento, com sustentabilidade, da recreação ao ar livre.

No Brasil, as primeiras investidas de sistematização da recreação surgiram por volta de 1927, com a criação de praças públicas no Rio Grande do Sul, adaptadas para receber o público infantil. Para compor os equipamentos, eram utilizados pneus amarrados em árvores, de modo a representar, rudimentarmente, um parque de recreação. Apenas em 1929 se pode constatar a presença de instrutores que acompanhavam e orientavam as atividades nesses locais, visto que não havia, ainda, um corpo docente especializado para tal função, advindo de cursos de formação em Educação Física.

Algumas iniciativas com a recreação, em torno de 1972, versavam sobre a organização de espaços temporários, na forma de tendas, organizados para oferecerem ao público a oportunidade de apreciar projeções cinematográficas e de ver peças de teatro, palestras e *shows*. A programação já abrangia crianças e adultos, os quais vivenciavam atividades artísticas em geral, bem como tinham a possibilidade de acessar uma biblioteca para leituras.

Foi com essa função social que, no século XIX, a recreação foi alicerçada, desde a chegada dos parques e dos *playgrounds*, sendo influenciada, no Brasil, pelos ingleses e pelos americanos. O planejamento urbano começou a ter vínculo com a proposta de recreação nas cidades. Além da esfera urbana, houve a criação de parques especificamente voltados para a vivência de atividades recreativas ao ar livre.

Alguns profissionais eram designados pelos órgãos responsáveis para atuar nesse contexto da recreação. Para tanto, tinham em mente a preparação da criança com vistas a torná-la um adulto produtivo e saudável. Esse aspecto, associado a outros, como a criação de acampamentos educativos, evidenciava o desenvolvimento da função educacional das atividades recreativas, para além de sua característica estritamente lúdica.

Assim, de simples associação com o divertimento, a recreação passou a ter um significado ligado à obtenção de benefício para o cidadão, com o intuito de que ele pudesse ser útil socialmente (Gomes; Melo, 2003; Gomes, 2003), assumindo, portanto, um viés social.

A história da recreação pelo mundo tem peculiaridades, as quais se diferenciam de cultura para cultura. Entretanto, as características da recreação nas diversas sociedades guardam relações, no que diz respeito a ser uma atividade vivenciada individual ou coletivamente, com um caráter lúdico que envolve a ideia de passatempo, sendo desenvolvida de forma espontânea e podendo promover o desenvolvimento pessoal ou social.

Ao se inserir no âmbito educacional, sua função está relacionada ao desenvolvimento do autoconhecimento, à perspectiva de ampliação de relacionamentos interpessoais e ao desenvolvimento nos aspectos cognitivo, afetivo e motor. Também advêm das vivências de atividades recreativas os estímulos ao desenvolvimento da criatividade, da imaginação e do senso de criticidade, o que evidencia um caráter de autoformação.

Como suas características permitem a vivência prazerosa de conteúdos diversos, existe maior possibilidade de ocorrer a inclusão. Na recreação não existe, necessariamente, uma forma perfeita de execução das atividades, sendo respeitadas as respostas individualizadas. Isso faz com que todos se sintam aceitos e incluídos, para que o prazer e a diversão efetivamente aconteçam.

Importância das atividades nos processos de ensino e aprendizagem

A recreação, quando inserida no âmbito formal da educação, permite avanços significativos, envolvendo os processos de ensino e aprendizagem. Ensinar por meio do lúdico requer estratégias criativas e inovadoras, devendo-se estimular, no processo de ensino, valores cooperativos, democráticos, de cidadania e de respeito à diversidade. Os alunos, ao aprenderem de forma recreativa, estabelecem maior nível de atenção e de identificação, uma vez que tais atividades vão ao encontro dos interesses nessa fase do desenvolvimento.

Ao ser inserida na escola, no contexto das aulas de Educação Física oferecidas para os primeiros níveis da formação escolar, a recreação pode ter como propósito principal a estimulação motora. Esta pode ocorrer por meio de movimentos vivenciados de maneira lúdica, salientando-se, sobretudo, as habilidades de manipulação (arremessar, chutar, receber uma bola etc.), de locomoção (andar, correr, saltar, deslizar etc.), de estabilização (recuperar e manter o equilíbrio em apoios, rolamentos etc.), entre outros elementos da cultura corporal de movimento.

São componentes específicos da recreação as brincadeiras, as diversas formas de manifestações artísticas, o jogo e os brinquedos. Cada um desses componentes pode ser desmembrado em diversos outros, conforme a predominância das características dessas atividades. Quanto aos conceitos desses componentes, ao diferenciá-los, é possível perceber as peculiaridades de cada um. Vejamos quais são eles:

- **Brincadeiras**: atividades com caráter lúdico, que obedecem a características específicas e variadas, com ou sem utilização de objeto (brinquedo) e com regras adaptáveis.
- **Manifestações artísticas**: formas de expressão de ideias com base nas diversas linguagens da arte.
- **Brinquedo**: o objeto do brincar, podendo ser classificado como artesanal ou industrializado, incluindo-se nessa última categoria diversos tipos, entre eles, os brinquedos eletrônicos.
- **Jogo**: elemento que integra fatores biológicos, psicológicos e sociais, os quais estão reciprocamente interligados, obedecendo a regras próprias e/ou universais. Entre as diversas classificações de jogos, uma das mais conhecidas e utilizadas é a proposta de Caillois (1969). Para esse autor, o jogo pode ser de competição, de sorte, de simulacro e de vertigem, conforme suas características predominantes.

Para ensinar a recreação na escola, deve-se assegurar que as atividades sigam alguns **princípios pedagógicos**. Entre eles está o de que se deve iniciar com estruturas simples e progressivas, até que se atinjam estruturas mais complexas. As ofertas precisam ser variadas e exigem tempo para a familiaridade com os desafios propostos. A escolha da forma como se brinca deve partir de tomadas de decisão dos participantes, as quais têm de ser estimuladas. Além disso, as atividades devem ter duração e complexidade coerentes com os níveis de desenvolvimento (faixa etária) a que se destinam. De todo modo, ao se inserir a recreação no âmbito da educação formal, é necessário garantir que ela não perca sua essência, voltada à possibilidade de vivência do lúdico (Gonçalves Junior, 2004).

Para refletir

Faça uma relação dos aspectos referentes à importância da recreação no ensino formal.

1.3 Lazer e recreação em espaços não formais

No contexto não formal, isto é, no âmbito do lazer, as atividades recreativas representam uma das maneiras de vivenciar e preencher o tempo disponível. Essas atividades permitem a participação proativa e adequada aos interesses de cada faixa etária. Para tanto, o profissional atuante com a recreação no âmbito do lazer deve oferecer uma gama variada de possibilidades de atividades, considerando o local de atuação e os interesses de sua "clientela".

1.3.1 Recreação e comportamento lúdico

Ao se falar em *recreação*, ainda que esse termo possa receber outros sentidos e ser associado a outras finalidades, reafirma-se a necessidade de se respeitar a expressão do comportamento lúdico, uma vez que este é natural da espécie humana. O comportamento lúdico representa o interesse que todos os seres humanos têm de vivenciar atividades prazerosas e que possibilitem a diversão, como no caso da recreação. Portanto, o comportamento lúdico tem uma grande oportunidade para se manifestar por meio da recreação, mesmo que esta apresente outras finalidades agregadas (Schwartz, 2004a, 2004b).

Ainda que a recreação e o lazer tenham como característica a possibilidade de vivências prazerosas, os conceitos não devem ser confundidos. O lazer é um fenômeno sociocultural mais amplo, em que os indivíduos se envolvem espontaneamente durante o tempo disponível, por meio de atividades agradáveis, como a recreação. Assim, a recreação representa uma das possibilidades de vivência no âmbito do lazer.

Também é necessário compreender que nem todo passatempo é recreação, assim como nem toda forma de diversão representa uma atividade de recreação, porque esta guarda características específicas. Entre essas características está a forma otimizada da oferta de atividades, para que o indivíduo se divirta, consiga passar o tempo de maneira agradável, entretendo-se e distraindo-se, mas também se desenvolva em diversos aspectos, segundo as normas sociais estabelecidas em cada cultura.

É possível ter um envolvimento mais ativo com as atividades recreativas, na condição de praticante, ou então mais passivo, na qualidade de espectador. De ambos os modos, o envolvimento acontece, podendo trazer igualmente benefícios e aprimoramento pessoal.

1.4 Sentidos atribuídos ao lazer

As discussões teóricas sobre o lazer são estabelecidas sob diferentes enfoques, como no caso das que relacionam o lazer com mercadoria ou com os contextos de saúde e bem-estar. Gomes (2014) aponta duas correntes teóricas voltadas ao estudo do lazer. A autora enfatiza que o lazer, em uma primeira fase, é concebido como um elemento da vida social em oposição ao trabalho, constituindo-se, assim, em um tempo liberado das obrigações variadas ou na ocupação do tempo com atividades afins. A segunda corrente evidencia o lazer como uma das necessidades vitais do ser humano, valorizando suas interfaces com a cultura em suas diferentes dimensões. Marcellino (1998, p. 38, 39) destaca o sentido de lazer como "cultura vivenciada (praticada, fruída ou conhecida), no tempo disponível [...], combinando os aspectos tempo e atitude" e apresentando como traço definidor "o caráter, desinteressado, dessa vivência".

As diferentes concepções atribuídas ao lazer suscitam significados diversos. Entretanto, na atualidade, torna-se necessário atribuir a ele um sentido amplo para dar conta de abarcar toda a sua complexidade. Schwartz et al. (2016) evidenciam, em seus estudos, um conceito abrangente de lazer e argumentam que este pode ser concebido como um fenômeno sociocultural que apresenta elementos característicos, como a atitude propícia para usufruir de experiências significativas e prazerosas, vivenciadas no tempo disponível, capazes de gerar benefícios tanto pessoais quanto de ordem social.

Cabe ressaltar que o lazer, no âmbito do contexto dos direitos sociais, encontra-se amparado na Constituição Federal de 1988, art. 6º, o qual aponta o dever do poder público em prover a todos os cidadãos, sem distinção, por meio de políticas públicas, o acesso às diferentes práticas sociais (Brasil, 2007). Assim, é importante que o lazer seja considerado com esse significado de direito conquistado.

Para que isso ocorra, o profissional de educação física precisa dinamizar em suas aulas os espaços para discutir sobre esses aspectos e incentivar as pessoas a se envolverem sem culpa com a perspectiva das inúmeras vivências que envolvem os conteúdos culturais do lazer. Dumazedier (1980) realizou um levantamento sobre os interesses dos franceses acerca de atividades vivenciadas no contexto do lazer, para compreender sua abrangência. Com base nesse estudo, esse sociólogo classificou os sentidos atribuídos ao lazer em cinco conteúdos culturais (Quadro 1.1), considerando-se os interesses da sociedade no que se refere às atividades, conforme a predominância de suas características.

Quadro 1.1 Conteúdos culturais do lazer

Físico-esportivo	Predominância de atividades motoras
Artístico	Predominância do desenvolvimento estético
Manual	Predominância da manipulação
Intelectual	Predominância de elementos cognitivos
Social	Predominância da interação

Fonte: Elaborado com base em Dumazedier, 1980.

Como essa classificação havia sido elaborada já há algum tempo e a cultura francesa difere de outras, ainda, considerando-se o fato de que as sociedades passam por transformações constantes, foram necessários ajustes nesses conteúdos, para que estes realmente pudessem abarcar a abrangência do lazer em épocas mais recentes, envolvendo novas formas de atividades escolhidas, como a evolução do interesse pelo turismo. Assim, Camargo (1998) acrescentou aos conteúdos elaborados por Dumazedier o conteúdo **turístico** (predominância de viagens e passeios, com quebra da rotina).

Tendo em vista as dinâmicas provocadas pelos avanços nas tecnologias, foram percebidos novos interesses nas vivências relacionadas ao âmbito do lazer. Desse modo, Schwartz (2003) apontou a crescente utilização do ambiente virtual no contexto do lazer, identificado como um dos interesses mais evidentes na atualidade, sugerindo o conteúdo **virtual** (predominância de atividades desenvolvidas com tecnologias virtuais).

A compreensão do fenômeno do lazer com base nessa classificação tem o intuito, apenas, de facilitar a demonstração de sua abrangência atual. Contudo, esses significados atribuídos às atividades podem e devem sofrer novas alterações, conforme se transformam as tendências das culturas. Portanto, como mencionado, essa divisão se tornou apenas pedagógica, para representar a amplitude do lazer como fenômeno sociocultural.

O que se observa hoje é que os significados atribuídos ao lazer nas sociedades o transformam em um fenômeno de reconhecida importância cultural, porém de difícil assimilação e interiorização de seus valores, no que diz respeito à organização e distribuição de tempo das atividades diárias, ainda em decorrência da exacerbada valorização que se dá ao trabalho. Mesmo assim, o comportamento lúdico, natural da espécie, exige esse direito ao prazer e às possibilidades de autocrescimento, o que denota a importância de o profissional de educação física, em sua atuação, apresentar às pessoas as inúmeras alternativas de vivências nos conteúdos do lazer, as quais devem contribuir para que o lazer receba o significado de elemento importante no âmbito dos princípios da qualidade de vida, sendo efetivamente respeitado como um direito.

Para refletir

A partir de quando o lazer passou a ser reconhecido como fenômeno sociocultural?
Como o profissional de educação física pode contribuir com a educação para e pelo lazer?
Qual é o papel do profissional de educação física na difusão da importância do lazer?

1.5 Sentidos atribuídos à recreação

A recreação, geralmente, tem um sentido restrito à atividade prática. Entretanto, ela não deve ser reduzida a isso, devendo ser concebida como um movimento sociopedagógico, que assume, inclusive, perspectivas educacionais, sendo representada pelo sistema de valores e pelos propósitos dos contextos históricos de diferentes culturas (Werneck; Isayama, 2003).

Conforme esse entendimento, entra em jogo a concepção da recreação como uma das possibilidades a serem aplicadas para contribuir no processo de formação humana em seu sentido mais amplo. Nessa amplitude, encontra-se o sentido *lato*, isto é, o sentido mais amplo da recreação, voltado à ideia da dimensão da animação (*anima* = "alma", em latim), que envolve o desenvolvimento psicopedagógico, estético, ético, sociocultural e político (Melo, 2002).

A recreação, portanto, assume não apenas o sentido de poder potencializar o prazer pelo divertimento, mas também o de favorecer novas visões e valores. Para tanto, é preciso que o profissional atuante com a recreação reconheça e difunda esse sentido mais amplo, avivando um processo de sensibilização, capaz de imprimir novas percepções.

Entre os objetivos da recreação, podem ser citados os seguintes:

- auxiliar no desenvolvimento dos aspectos motores, psicológicos, cognitivos e sociais;
- favorecer os processos de ensino e aprendizagem;
- promover a experimentação de novos desafios para o reconhecimento das limitações e das potencialidades pessoais;
- estimular a criatividade e a iniciativa;
- contribuir para a ampliação da espontaneidade;
- aliviar tensões e permitir a expressão emocional;
- possibilitar a descoberta de novas sensibilidades;
- educar e desenvolver valores e competências humanas.

Cavallari e Zacharias (2000) apontam cinco características básicas da recreação, a saber:

1. **Ter um fim em si mesmo** – para diversão, de forma livre e lúdica, apenas voltada para o ato de recrear.
2. **Ser uma escolha livre e praticada espontaneamente** – de forma individual.
3. **Possibilitar a elevação de estados de ânimo** – levando o indivíduo a um estado psicológico positivo.
4. **Exercitar a criatividade** – estimulando a participação ativa em novas situações e por meio do uso da imaginação.
5. **Determinar as escolhas por grupos de interesse semelhante** – conforme as características de cada grupo, porém favorecendo a inclusão.

As categorias das atividades recreativas podem ser definidas segundo vários aspectos (Waichman, 2004). Quanto ao tipo de espaço ou ambiente onde essas atividades são vivenciadas, elas podem ser aquáticas, terrestres e aéreas. Além disso, podem ser categorizadas em atividades em ginásios, salões de jogos, salas específicas (de música, de leitura, de projeção, de jogos eletrônicos etc.), piscinas, estandes (de arco e flecha, tiro ao alvo) e na natureza ou ao ar livre, envolvendo campos e quadras, *playgrounds*, pátios, pistas, hortos, lagos, entre outros.

As atividades de recreação também podem ser categorizadas pela forma de participação (Guerra, 1988). Assim, podem ser ativas, como as atividades motoras, artísticas, intelectivas, de aventura, ou de predominância mais passiva, como as atividades de contemplação e sensoriais.

Outra maneira de categorizar a recreação é baseada nas diferentes faixas etárias. Desse modo, as atividades podem ser direcionadas para a infância, a adolescência, a fase adulta ou para idosos, ou, ainda, ter um caráter intergeracional, respeitando-se as condições e interesses de cada uma dessas fases do desenvolvimento humano.

Entre as inúmeras formas de perceber a abrangência da recreação, podemos considerar a categorização apresentada a seguir e os respectivos exemplos de atividades. Esse conhecimento pode nortear o profissional ao fazer a escolha de um programa de recreação a ser oferecido:

- **Artístico-musical**: tocar instrumentos, cantos.
- **Funcional-física**: danças, ginásticas, lutas, jogos.
- **Manual**: desenho, artesanato, topiaria, pintura.
- **Dramática/visual**: teatro, cinema.
- **Na natureza**: excursões, pescaria.
- **Lógico-linguística**: gincanas, desafios, cursos.
- **Colecionismo**: filatelia, figurinhas, numismática, brinquedos.
- **Social-integrativa**: voluntariado, festas.
- **Virtual**: jogos digitais, *quiz*, *exergames*.

Todas essas atividades podem extrapolar o sentido primário da recreação, que é a vivência do lúdico. Além disso, podem contemplar diversas metas complementares, como:

- contribuir para a continuidade da herança cultural;
- promover a otimização e a qualidade no lazer;
- fomentar a participação social (amizades, civismo);
- permitir o aprimoramento e o reconhecimento de diversas habilidades;
- experienciar novas sensações e estados emocionais positivos;
- refinar hábitos, atitudes e valores;
- despertar novas apreciações e sensibilidades;
- favorecer o reconhecimento da cultura.

Importante!

É fundamental destacar que não se deve atribuir à recreação o sentido de ser como um prato em um cardápio de atividades. Ela deve ser percebida como uma experiência escolhida por vontade própria, a qual pode oferecer, além do prazer, alguns benefícios de diversas ordens, tendo, inclusive, um caráter construtivo e de aprimoramento da qualidade de vida.

O profissional deve estar atento para adquirir conhecimentos específicos sobre todas as formas de manifestação na recreação, para superar o senso comum e a reprodução mecânica. Certamente, seu olhar deve estar voltado para criar e transformar as possibilidades, conforme necessário, contribuindo com uma atuação menos mecânica e mais significativa (Cavallari; Zacharias, 2000; Alves Júnior; Melo, 2003).

Para refletir

A recreação só pode ser associada à infância?
Que metas podem ser estabelecidas para o uso da recreação, para além da vivência do lúdico?

1.6 Campos de atuação

O profissional de educação física pode se inserir em diversos setores da vida social ao trabalhar com recreação e lazer. A seguir, veremos algumas possibilidades.

1.6.1 Explorando os recursos obtidos na formação em Educação Física

O profissional de educação física que vai atuar como recreador ou monitor de recreação ou, ainda, como empresário, tendo uma empresa de recreação, não deve ser considerado apenas um animador, uma vez que ele deve dispor de recursos adquiridos ao longo de sua formação, os quais lhe permitam desempenhar o papel de educador. Para tanto, é necessário que esse profissional tenha conhecimentos sobre o contexto do lazer (Silva; Hunger; Silva, 2017), sobre os interesses das pessoas nas diversas fases do desenvolvimento humano, sobre a adequação das atividades às características de cada faixa etária e sobre seu papel na divulgação dos valores associados ao lazer no contexto da qualidade de vida e da saúde, no sentido de promover as melhores e mais adequadas opções de vivências.

Outro ponto importante para a atuação como recreador é levar em consideração a necessidade de ter sensibilidade para perceber o impacto de uma proposta ou atividade, buscando-se alterá-la para alcançar os objetivos propostos, de acordo com a perspectiva de participação e inclusão de todos. O estabelecimento e o cumprimento de limites, prezando-se pelo zelo e pela segurança dos envolvidos, também devem ser observados com rigor, para que a atividade possa ter ressonâncias positivas e a experiência seja atrativa e significativa.

Sua forma de comunicação e estimulação para a prática das atividades representa um fator decisivo para motivar a participação com autonomia e alegria; juntamente com seu domínio sobre o conteúdo, o modo de lidar com as pessoas envolvidas pode ser um fator decisivo para a manutenção do interesse nas atividades.

A seguir, o Quadro 1.2 indica os campos em que o profissional de educação física pode atuar com a recreação e o lazer.

Quadro 1.2 Campos de atuação para o profissional de educação física

Em âmbito escolar	Garantindo o direito ao lúdico, conciliando os objetivos pedagógicos com as expectativas das crianças ou adolescentes.
Em instituições de longa permanência, como creches e asilos	Ajudando a explorar os aspectos cognitivos, sociais, motores e sensoperceptivos, as habilidades, os valores, os limites e as regras e fomentando a inclusão e os valores cooperativos.
Em empresas	Oferecendo espaços e horários destinados para vivências recreativas e auxiliando na melhoria do relacionamento interpessoal e da comunicação, da percepção sobre a satisfação e da imagem da empresa.
Em hospitais (espaço em que a essência do brincar fica prejudicada, mas a recreação deve ser incentivada)	Possibilitando a vivência do lúdico, inclusive em ambientes especiais, seja nas brinquedotecas, seja em ações individualizadas, diretamente com os pacientes.
Em acampamentos e hotéis	Entretendo clientes e hóspedes e explorando os espaços naturais presentes e outros equipamentos e ambientes específicos.
Em navios	Explorando a variada gama de locais de entretenimento existente e as diversas possibilidades de intervenções.
Em grupos específicos de idosos saudáveis (pessoas geralmente carentes de atividades recreativas)	Buscando o resgate e a promoção da autonomia, podendo contribuir para desacelerar o processo retrogenético do envelhecimento.
Em festas comemorativas	Atuando em festas corporativas, escolares, aniversários e outras do contexto do lazer.
Em jogos virtuais	Utilizando os recursos tecnológicos para o aprimoramento de diversas habilidades.

É importante levar em conta o perfil desejável para um profissional atuante na recreação e no lazer. Tal perfil envolve os seguintes requisitos:

- **Estar cursando ou ter concluído uma graduação** – para ter embasamento e segurança no trabalho com os conteúdos a serem explorados.
- **Manter uma formação cultural diversificada** – atualizando continuamente seus conhecimentos.
- **Apresentar envolvimento com a área** – evidenciando afinidade com as características da atuação.
- **Demonstrar comprometimento** – evidenciando profissionalismo, organização e liderança.
- **Ser dedicado e alegre** – envolvendo-se de forma participativa e permitindo a sociabilidade.
- **Ser sensível e perspicaz** – para readequar as experiências, ao perceber mudanças de comportamento.
- **Ser criativo** – para adequar rapidamente a dinâmica às diferentes expectativas, oferecendo sempre novidades.
- **Atuar de modo inclusivo** – respeitando a diversidade.

Para que a atuação do profissional de educação física seja validada, é importante atentar, também, para estas premissas:

- Saber definir *recreação* e *lazer* e ter conhecimento sobre as peculiaridade de cada um desses elementos.
- Conhecer as necessidades e o real papel do profissional de educação física na difusão da recreação e do lazer.
- Compreender a importância da recreação no processo educacional.
- Ser empreendedor, para ampliar os campos de atuação profissional com recreação e lazer.

A formação adequada do profissional para lidar com os campos da recreação e do lazer, segundo Isayama (2010, p. 13), deve se pautar na "competência técnica, científica, política, filosófica e pedagógica e no conhecimento crítico da realidade".

Para refletir

Como a recreação pode ser utilizada como ferramenta nos processos de ensino e aprendizagem no âmbito da educação formal?

Que estratégias o profissional de educação física pode utilizar em sua atuação para ajudar as pessoas a valorizar adequadamente o tempo disponível para o lazer?

Síntese

Vimos, neste capítulo, que o profissional de educação física deve compreender e assimilar seu potencial como educador, superando a ideia meramente mercantilista (Marcellino, 2008), bem como contribuir, efetivamente, para ampliar as perspectivas de promoção da qualidade das experiências de lazer. A recreação se torna um recurso bastante importante, uma vez que fornece espaço para a vivência do lúdico, que é a base de sustentação para construir uma sociedade saudável e ativa.

Os cursos de formação podem ampliar os subsídios para uma boa atuação, entretanto cabe ao próprio profissional erigir as bases para que sua atuação seja efetiva e significativa.

A seguir, apresentamos alguns dos principais conceitos trabalhados neste capítulo:

- Conceito de lazer: fenômeno sociocultural cujas características envolvem a atitude favorável à vivência de experiências prazerosas no tempo disponível, as quais podem promover benefícios pessoais ou sociais.

- Conceito de recreação: conjunto de vivências associadas a um movimento sociopedagógico, o qual abarca os valores e os aspectos de determinadas culturas, com a possibilidade de os indivíduos fazerem escolhas para satisfação própria, envolvendo passatempo, diversão ou propósitos educacionais e construtivos.

Atividades de autoavaliação

1. Qual das alternativas a seguir representa o conceito mais apropriado para o termo *lazer*?

    a) Tempo destinado ao fenômeno sociocultural e às obrigações fora do contexto do trabalho, apresentando possibilidades de atuação no desenvolvimento físico, turístico, manual e pessoal.

    b) Atividades de caráter físico-esportivo capazes de promover o envolvimento pessoal no tempo saudável de não trabalho, dependente de atitude pessoal e dos benefícios envolvidos.

    c) Atitude pessoal favorável à vivência de atividades do fenômeno sociocultural, que podem promover a sociedade e ampliar a qualidade de vida nos aspectos artísticos, físicos, turísticos e virtual.

    d) Fenômeno sociocultural que é dependente de atitude social e de pessoas para promover o desenvolvimento nos aspectos de crescimento, liberdade e cidadania.

    e) Fenômeno sociocultural que tem como características a atitude favorável a vivências de atividades prazerosas, selecionadas pessoalmente, no tempo disponível, podendo gerar benefícios pessoais ou sociais.

2. O profissional de educação física está comprometido em auxiliar na formação plena e na melhoria da qualidade de vida do ser humano, tornando-se necessário, assim, que ele invista no reconhecimento e na valorização do lazer. Nesse sentido, de que forma esse profissional pode colaborar para estimular e ampliar as opções de vivências autônomas de crianças, jovens e adultos?

   a) Sistematizando sua prática pedagógica com foco exclusivamente nos esportes.
   b) Dando aulas práticas de danças e ginástica.
   c) Oferecendo aulas apenas teóricas, pautadas no conhecimento sobre a profissão.
   d) Disseminando as diversas atividades que envolvem os conteúdos culturais do lazer.
   e) Exercendo o cargo de *personal trainer*.

3. São exemplos de atividades representativas das categorias de recreação dramática/visual, virtual e lógico-linguística, respectivamente:

   a) *videogames*, cinema e tecnologias.
   b) gincanas, teatro e música.
   c) colecionismo, físico-esportivo e festas.
   d) dança, ginástica e canto.
   e) cinema, *exergames* e desafios.

4. Assinale a afirmativa correta em relação à educação para e pelo lazer:

   a) Educar para e pelo lazer constitui-se em ações complementares.
   b) Educar para o lazer consiste em ensinar e aprender diferentes formas de vivenciar as atividades lúdicas.
   c) De acordo com a Carta Internacional de Educação para o Lazer, desenvolver vivências no contexto do lazer depende somente do indivíduo.

d) Educar pelo lazer pode ser efetivado quando as vivências no âmbito do lazer são aproveitadas para a transmissão de valores e o incentivo a comportamentos saudáveis.
e) Educar para o lazer é o contraditório de educação pelo lazer.

5. Com relação ao profissional de educação física e à educação para e pelo lazer, assinale V (verdadeiro) para as sentenças corretas e F (falso) para as erradas:

( ) Não cabe ao profissional de educação física atuar como mediador de informações, conhecimentos e capacidades acerca de possibilidades de vivências durante o tempo disponível.

( ) Cabe ao profissional de educação física trabalhar diferentes propostas e estratégias, de forma lúdica e prazerosa, tornando os alunos conscientes da importância do lazer.

( ) Cabe ao profissional de educação física proporcionar a compreensão efetiva sobre o lazer, suas funções, seus benefícios e a diversificação de seus conteúdos.

( ) Cabe ao profissional de educação física garantir vivências que oportunizem a livre expressão, a criação e o respeito às diferenças.

( ) Não cabe ao profissional de educação física investir esforços para que seus alunos reconheçam a importância do lazer na sociedade.

Agora, assinale a alternativa que apresenta a sequência correta:

a) V, F, F, F, V.
b) F, V, V, V, F.
c) V, V, F, F, V.
d) F, F, V, V, F.
e) V, V, F, V, V.

Atividades de aprendizagem

Questões para reflexão

1. Considere a possibilidade de conhecer mais sobre o local onde você mora, seu estado, sua cidade ou mesmo seu bairro, mais especificamente sobre a vida recreativa dos habitantes de tal localidade. Pesquise sobre a forma como as pessoas se divertiam em épocas passadas e se divertem no presente – as atividades, os locais, os equipamentos, as vestimentas. Organize as informações por período ou delimite um período específico. Não se preocupe em avançar muito no tempo. Feito isso, faça comparações entre as informações levantadas sobre esse período e o período atual. Você vai notar semelhanças e caracterísias muito peculiares.

2. Faça uma pesquisa com seus colegas ou mesmo com outros estudantes e profissionais de educação física (formados em licenciatura ou bacharelado) sobre o que eles entendem por *lazer* e *recreação*. Solicite a cada um que escreva uma frase que identifique suas impressões sobre as semelhanças e as diferenças entre os dois conceitos. Após essa fase, agrupe as informações para interpretar qual é o sentido que esses profissionais atribuem a cada um desses termos.

Atividade aplicada: prática

1. Entreviste cinco profissionais de educação física que atuam com recreação, questionando-os a respeito destes tópicos:
    a) Como o profissional tomou conhecimento da existência desse campo de atuação?
    b) Quais são os principais problemas que o profissional enfrenta na profissão?
    c) Como ele escolhe as atividades a serem aplicadas?
    d) Que sugestões ele daria para quem vai atuar nesse campo?

Capítulo 2

Dimensões sociais do lazer

Giuliano Gomes de Assis Pimentel

Como você já viu, nós, humanos, somos dotados da capacidade de nos divertir e de buscar experiências prazerosas. A isso chamamos **fruição**. Porém, à medida que uma sociedade se sofistica, a vivência do lúdico vai se tornando mais complexa. Há muitas variáveis a serem consideradas, como etnia, sexo, gênero, classe social, gosto artístico, habilidades motoras, maturidade, religião, preconceitos e grau de instrução.

Imagine, por exemplo, que você promova uma colônia de férias para um grupo de jovens. Todos esperam, obviamente, que sua programação dê conta de possibilitar aquela diversão que todos nós somos capazes de experimentar. Em razão da complexidade do sujeito social (a pessoa que vive na sociedade), uma atividade considerada incorreta pelo padrão social vigente pode prejudicar o clima emocional do evento. Isso abrange desde uma música tida como obscena até uma programação sexista que não dá às mulheres as mesmas oportunidades de acesso ao lazer.

Por outro lado, tanto o lazer quanto a recreação podem ter um papel social importante na sociedade, geralmente associado ao desenvolvimento da cultura, da educação e da qualidade de vida. De fato, não existe sociedade sem formas organizadas de fruição do lúdico (recreação, festas, artes etc.), as quais geralmente ocorrem no lazer (o uso do tempo livre para se divertir). Assim, o profissional de educação física desempenha um trabalho relevante no meio social, seja na implantação de políticas públicas de lazer, seja na condução de atividades recreativas para os mais diferentes grupos da sociedade.

Por isso, o propósito deste capítulo, no âmbito do domínio cognitivo, pode ser assim definido:

- Compreender a relação entre o lazer e a recreação e as diversas dimensões sociais que lhes estão associadas: educação, cultura, política, cidadania e qualidade de vida.

2.1 Educação para e pelo lazer

Para iniciarmos a discussão sobre a relação do lazer com a educação, apresentamos algumas questões para reflexão:

- A sociedade interfere nos hábitos de lazer ou cada pessoa é livre para fazer o que quiser em seu tempo livre?

- Aspectos sociais, como renda e escolaridade, interferem no conhecimento das pessoas sobre lazer?
- É possível ensinar valores, conhecimentos e procedimentos por meio do lazer?
- A educação melhora a vivência do lazer na sociedade?

2.1.1 Conceituando educação para e pelo lazer

Quando o profissional de educação física se propõe a atuar com educação para e pelo lazer, precisa ter uma noção bastante clara das reflexões suscitadas pelas questões apresentadas. Esperamos que, ao final do capítulo, você tenha condições de respondê-las adequadamente. Após a leitura deste capítulo, é importante que você as retome.

Primeiramente, é preciso dominar dois conceitos que costumeiramente aparecem juntos, mas que não significam a mesma coisa: educar para o lazer e educar pelo lazer. Vejamos a diferença entre eles:

- **Educação para o lazer**: significa ampliar o universo cultural das pessoas, informando-as sobre as diferentes formas de vivenciar o tempo livre e, especialmente, ensinando-as a fruir a experiência. Por exemplo, em muitos casos, não adianta levar alguém à ópera ou a um jogo de *rugby* porque ela não vai entender aquele lazer. Portanto, é necessário chamar atenção para a novidade e preparar a pessoa de modo que ela se sinta capaz de assistir a um *show* ou praticar um esporte diferente.
- **Educação pelo lazer**: ocorre quando o lazer é veículo de educação. Nesse sentido, o lazer é a oportunidade ou o pretexto para que se aprenda algo. Isso pode acontecer informalmente, por exemplo, quando torcer pelo Brasil nos

Jogos Olímpicos é uma forma de reforçar o patriotismo. Também pode ocorrer mais intencionalmente, com práticas recreativas que deixem o ensino mais lúdico, como no caso de uma gincana ecológica.

Portanto, podemos entender que há duas vias educativas: uma na qual o lazer é educativo por si próprio, pois, por meio dele, adquirimos atitudes, valores e conhecimento, e outra na qual existe a necessidade de educar as pessoas para vivenciarem o tempo livre, caso em que o profissional de educação física pode ensinar novas e interessantes possibilidades de lazer. Conforme o contexto da atuação profissional, é possível trabalhar as duas vias de forma conjunta ou separadamente.

No Brasil, a preocupação com a educação para e pelo lazer tem um marco nos trabalhos de Renato Requixa. Ele se inspirou na civilização grega para propor que a educação para o lazer tenha como objetivo formar as pessoas para a "arte de viver". Mas o que seria esse conceito? Requixa alerta para a necessidade de combinar, de maneira equilibrada, as diferentes esferas da existência; assim, evitamos depositar a razão de viver apenas no trabalho e nas obrigações. A arte de viver implica desfrutar o lazer, com qualidade e diversidade, em diferentes tempos (*happy hour*, feriados, fim de semana, férias).

Marcellino (2010), inspirado nas ideias de Requixa, aprofunda a necessidade de um lazer crítico e criativo. Não basta ter tempo disponível para as atividades se elas são sempre rotineiras e vazias de sentido. Desse modo, o lazer seria dotado de um duplo aspecto educativo. A educação pelo lazer seria uma forma de evitar que o lazer seja uma diversão pela diversão, embora isso também tenha importância. O lazer, nessa perspectiva, seria um meio de veiculação optar por novos valores e conhecimentos. Já na educação para o lazer, aprenderíamos a variar e a evoluir em termos de optar por conteúdos diferenciados, tanto no nível cultural quanto no interesse predominante na motivação.

2.1.2 Tipos culturais como orientação para a educação do lazer

Como vimos, a educação pelo lazer é uma forma de potencializar a fruição do lazer com um propósito complementar. Nesse sentido, um evento de lazer pode ser uma forma de educar os participantes acerca de hábitos higiênicos, civismo, ecologia, conteúdos escolares, entre outros aspectos que a sociedade entenda serem importantes. Mas, na educação para o lazer, existiria um critério para selecionar conteúdos e incentivar intencionalidades que servissem para ampliar o universo cultural das pessoas?

A esse respeito, vale a pena reprisar a classificação dos interesses culturais do lazer proposta por Joffre Dumazedier (Dumazedier, 1999). Um conteúdo de lazer pode ser procurado por diferentes motivos: sociais (interação com outras pessoas), turísticos (conhecer novos lugares), artísticos (propiciar a fruição da sensibilidade), físico-esportivos (cuidar do corpo com emoção), intelectuais (conhecer coisas novas) e manuais (ter um *hobbie*).

A seguir, vamos utilizar como exemplo a dança, para que você perceba concretamente como uma mesma forma cultural pode ser objeto de diferentes interesses.

A DANÇA E OS INTERESSES CULTURAIS DO LAZER

Sociais: sair para dançar com amigos, para paquerar, comemorar.
Turísticos: viajar para aproveitar o Festival Internacional de Dança em Blumenau (SC).
Artísticos: assistir a um espetáculo de dança ou participar de um grupo.
Físico-esportivos: fazer aula para aprender novos passos de dança de salão.
Intelectuais: ler um livro ou assistir a um documentário sobre dança.
Manuais: colecionar artigos referentes a um estilo de dança.

Uma dica para você se lembrar dos interesses culturais do lazer é considerar o acróstico STAFIM (**s**ociais, **t**urísticos, **a**rtísticos, **f**ísico-esportivos, **i**ntelectuais, **m**anuais). No senso comum, alguém pode rejeitar um dos interesses por não "estar a fim". Isso pode ser fruto do desconhecimento das diferentes formas de fruir o lazer: STAFIM (Müller, 2002). Como contrapartida, podemos atuar com o duplo aspecto educativo do lazer, para ampliar o universo cultural das pessoas.

Atuando profissionalmente, você fará uso dessa classificação para organizar melhor as práticas. O importante é evitar que, em grupos heterogêneos, se cause o desequilíbrio de interesses, o que atenderia aos gostos e aptidões de uma parcela da clientela. Por exemplo, se uma gincana contar só com a prática de esportes, haverá exclusão dos que forem considerados menos aptos. Melhor seria se houvesse diversificação do tipo de provas, favorecendo-se pessoas com diferentes talentos e interesses no lazer.

Aproveitando o exemplo da dança, acrescentamos a classificação de cultura em três estratos: cultura de elite (clássica), cultura popular (tradicional, do povo) e cultura de massas (do dia a dia que circula na indústria cultural). O balé, em nossa sociedade, é uma dança de elite, enquanto o maculelê é parte da cultura popular. Nessa forma de cultura, as práticas são marcadas pelo anonimato, pelo ritual e pela identidade. Já as danças da moda, como o axé ou o sertanejo, por sua vez, são produzidas e consumidas em escala industrial. Como essa forma de cultura é para consumo imediato, uma coreografia – quase sempre – é esquecida com o surgimento de uma próxima.

A Figura 2.1 ilustra duas formas antagônicas de encarar essa forma de classificar a cultura.

Figura 2.1 Visão hierárquica da cultura × visão dinâmica da cultura

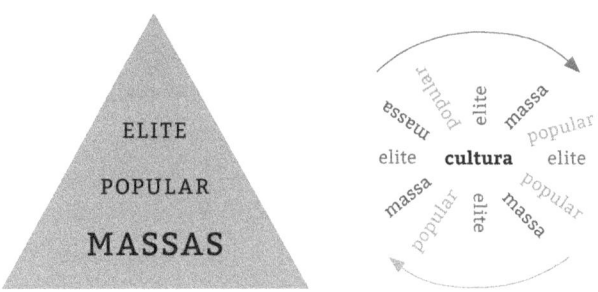

Na visão piramidal, prevalece o entendimento de que existe uma cultura superior a outra. Por essa lógica, a cultura das elites seria melhor do que aquela do povo, massificada. A outra visão trata esses segmentos como integrados, uma vez que um tem influência sobre o outro e existe movimento (dialética) entre os conteúdos culturais. Como assim? Explicamos: certas práticas que se iniciam em um modo cultural podem migrar para outro. O *jazz*, por exemplo, era uma expressão melódica popular afrodescendente e passou a ser considerado um gosto musical da elite norte-americana. O contrário ocorreu com o futebol no Brasil, que era exclusividade de imigrantes brancos até se tornar uma expressão popular de massas. Logo, não existe cultura superior; há culturas diferentes, sendo importante à educação para e pelo lazer fazer chegar às pessoas essa diversidade.

Agora, chegamos a um momento muito relevante para você que está em processo de formação profissional. Afinal, qual é a importância de conhecer essas duas classificações? Qual é a relação com o tema da educação para e pelo lazer? Marcellino (2010) considera que o duplo processo educativo do lazer, de forma crítica e criativa, deveria promover a elevação do nível cultural das pessoas. Em nosso micromeio (família, escola, bairro) e na grande mídia, acabamos por encontrar um número limitado de experiências. Portanto, a educação para e pelo lazer visaria ampliar o universo cultural de cada pessoa (Pimentel, 2003).

Para alcançar essa nobre finalidade, de ampliação de tais possibilidades, é importante desenvolver uma didática do lazer e para o lazer, bem como estabelecer critérios que definam se os objetivos educacionais estão sendo alcançados. Por isso, essas classificações podem ser usadas tanto para planejar uma recreação mais educativa quanto julgar para se uma programação de lazer está cumprindo seu papel educativo na sociedade. A nosso ver, quanto mais interesses e estratos forem contemplados, mais horizontes serão abertos. Assim, por exemplo, um recreador que educa as pessoas para fruírem variados usos e níveis de dança está educando para e pelo lazer.

Para refletir

Imagine sua própria relação com o lazer! Pense no exemplo da dança. Você sabe dançar diferentes ritmos? Você foi educado para respeitar a dança de outras culturas? Além de dançar, costuma apreciar espetáculos de dança? Para você, dança é para se divertir, para ficar fisicamente ativo ou para aflorar sua sensibilidade?

2.2 Dimensões educativas da recreação

Na seção anterior, analisamos o que é educação para e pelo lazer e também apresentamos duas classificações (uma para o lazer e outra para a cultura na sociedade) para instrumentalizar a intervenção do profissional de educação física. Por fim, destacamos que é possível contribuir para o desenvolvimento do sujeito-social quando a ele são dadas oportunidades de se educar pelo lazer e, também, de conhecer novas formas de lazer. Esse é o duplo aspecto educativo do lazer: veículo e objeto de educação!

Como o lazer envolve diferentes opções no tempo livre, a educação no lazer pode ocorrer informalmente, como no caso de alguém que vai a um estádio, a um *show* ou a um museu. Nesses casos, a dimensão educativa pode se manifestar, mas sem um direcionamento. Já a recreação é um movimento educacional dirigido a uma finalidade. Isso significa que existe uma figura profissional (recreador) que conduz atividades lúdicas organizadas para se alcançar determinada finalidade. Por isso, trataremos da recreação educativa em relação às dimensões sociais do lazer.

Cabe observar que existem diferentes ramos da recreação: ecológico, empresarial, hospitalar, *fitness*, terapêutico, hoteleiro e escolar. Cada um desses ramos exige aprofundamento e conhecimentos específicos.

Para refletir

Apesar da complexidade que acabamos de expor, existe certo preconceito contra a recreação. Há um pensamento de que basta à pessoa ser divertida e desinibida para que possa atuar nessa área. Qual é sua opinião a esse respeito?

Para contribuir com essa reflexão, leia a crítica de Marcellino (2008, p. 24) ao modo de atuação de muitos recreadores, que se passam por "cínicos bobos da corte", quando "sua atuação profissional fomenta o consumo puro e simples de atividades e estimula a participação conformista".

Para evitar uma prática profissional que se enquadre nessa crítica, no próximo tópico vamos mostrar algumas possibilidades de enfoque da recreação. Como estamos valorizando a dimensão social da educação, pretendemos que você identifique o potencial educativo das práticas recreativas e os procedimentos didáticos para alcançar esse propósito.

2.2.1 Como pode a recreação ser educativa?

A recreação, como atividade lúdica dirigida, pode acolher, segundo Waichman (2004), três dimensões sociais predominantes. Não devemos classificar como melhor ou como pior alguma dessas três formas de recreação, pois isso vai depender do propósito pensado para a recreação.

A primeira vertente é o **recreacionismo**, ou seja, a recreação voltada para a diversão, o que é comum em ambientes de lazer, como clubes e *resorts*. Em uma rua de lazer ou em uma festa de aniversário, o recreador contratado foca aspectos como sociabilização ("quebrar o gelo") e divertimento. Para tanto, são apresentados jogos, danças, brincadeiras e brinquedos para a fruição prazerosa das atividades. Esse é o sentido original do verbo *recrear* (*recreare*, em latim), ou seja, "recuperar a disposição para a vida". Nesses casos, o aspecto educativo da recreação é indireto, restrito a "aprender para o lazer" as dinâmicas vivenciadas. Todavia, essa não é a intencionalidade do recreacionismo.

Já a **animação sociocultural** é uma proposta para dirigir atividades lúdicas para melhorar a mobilização de uma comunidade em relação a determinado problema social. Assim, por exemplo, pode-se realizar a animação de um grupo de agricultores para a conscientização deles acerca da formação de uma cooperativa para defender seus interesses. Para tanto, a animação age com dinâmicas de grupo que sensibilizam as pessoas para questões sociais e motiva para mudanças na realidade. Aqui podemos ver indiretamente um "aprendizado pelo lazer", mas o foco da animação é "dar vida" à mobilização popular em torno da transformação social.

Por fim, a terceira vertente é a **recreação educativa**, que se refere a um modelo pedagógico recorrente em âmbito escolar, por ser um complemento à educação (Waichman, 2004). Também é encontrada no campo de atuação do bacharel em Educação

Física em um conjunto de atividades lúdicas dirigidas: colônias de férias, acampamentos, gincanas, excursões, entre outras.

Ao desenvolver ações com intencionalidade, agregando valores significativos, as brincadeiras e os jogos passam a ter sentido contribuem para o desenvolvimento dos sujeitos numa perspectiva socioeducativa. Portanto, a educação não é acidental. As dinâmicas recreacionais são conduzidas de modo a equilibrar a diversão e o aprendizado.

A recreação educativa é um fenômeno cultural e é preciso conduzi-la por meio de um sistema de metas, métodos e ações. Não há amadorismo! Essa categoria de recreação ocorre em situações de caráter grupal, sendo dirigida e coordenada por profissionais da área. Seu foco é similar ao da educação para e pelo lazer, colaborando com a transformação do tempo livre e gerando autonomia nos indivíduos e grupos participantes.

Marcellino (2008) aponta ser fundamental o reconhecimento da potencialidade da recreação para o desenvolvimento pessoal e social do sujeito, principalmente quando abordada como veículo de educação. Inviabiliza-se, assim qualquer apreciação do lazer pelo lazer como uma esfera desassociada e autônoma das relações de produção, como um tempo genuinamente livre.

De fato, a recreação é uma forma de orientar o tempo livre das pessoas, por meio da organização de jogos e demais atividades lúdicas. Considerando o caráter pedagógico dessa atividade humana, a seguir, apresentamos algumas possibilidades didáticas para sistematizar essa prática.

Iniciemos com estratégias didáticas para a condução de atividades físicas no contexto da recreação. Em termos pedagógicos, existem modelos mais tradicionais e outros que requerem mais participação das pessoas. Em vez de opor essas estratégias, é necessário considerar o momento apropriado para cada uma. Um erro típico na educação, conforme Moyles (2002), é a adoção de um estilo único para todas as idades. A autora lembra o excesso de atividades dirigidas e regras (jogos) com crianças de até 7 anos de idade, enquanto o ideal seria enfatizar atividades com predominância de imaginação e criatividade (brincadeiras). Logo, é obrigatório ao recreador, especialmente na vertente da recreação educativa, o domínio didático do conteúdo.

Para ficar mais clara a didática mais adequada para a recreação educativa, apresentamos, no Quadro 2.1, os quatro modelos discutidos em Gallahue e Ozmun (2001).

Quadro 2.1 Estratégias didáticas para a recreação educativa

Combinação indireta de experiências		Combinação direta de experiências	
Método de exploração motora	Método de descoberta orientada	Método de tarefa	Método de comando
Trabalham com solução de problemas: centralizados no indivíduo		Tradicional: são métodos de ensino centralizados no recreador	

Fonte: Gallahue; Ozmun, 2001, p. 578.

No **método de exploração**, os indivíduos são encorajados a fazer experiências com os potenciais motores de seus corpos. O recreador evita fornecer um modelo, pois está mais interessado no processo de aprendizado e no envolvimento criativo com inúmeras variações. É possível testar esse estilo de condução com crianças de até 7 anos de idade e com grupos que precisam liberar a imaginação.

Podemos citar como exemplo do modelo de exploração a seguinte atividade: fornecer uma bexiga para cada pessoa e pedir que crie a maior quantidade de formas possíveis de movimentar-se usando o balão. Uma variação seria colocar música ou delimitar o espaço. É importante deixar as pessoas à vontade para se expressarem e descobrirem que são capazes de criar movimentos diferentes.

Já o **método de descoberta orientada** é mais usado quando se quer uma recreação focada no processo de encontrar soluções. O recreador apresenta problemas ou desafios. Essa estratégia didática na recreação é interessante porque também incentiva a criatividade, mas dá um direcionamento para a ação criadora.

Um exemplo de atividade de descoberta orientada é solicitar que, em duplas, as pessoas fiquem uma de frente para a outra, cruzem os braços e deem as mãos. O problema apresentado é: Como fazer para descruzar os braços sem soltar as mãos e ainda conseguir ficar frente a frente com o parceiro? Nesse caso, poderá haver diferentes formas de se encontrar a solução para o desafio.

O **método de tarefa** consiste em o professor propor uma tarefa explicitando quando e como deverá ser realizada, sem, no entanto, mostrar um modelo de movimento mais eficiente para se chegar à solução requerida. Isso não impede que se possa corrigir ou incentivar alguém. Pelo contrário, como o potencial educativo desse método é limitado àquilo que a pessoa sabe fazer, é na dificuldade que o recreador aparece para garantir o caráter educativo da atividade.

A proposição de tarefas é um modelo muito utilizado na condução da recreação. Pode ser identificada, por exemplo, em jogos de estafeta[1], quando há grupos em fila e cada pessoa deve correr, executar uma tarefa e retornar à fila. Vence a equipe que finalizar a tarefa por primeiro. Também é possível aplicar esse método para recrear as pessoas em ambiente fechado. Por exemplo, cada pessoa recebe um barbante e, em um minuto e meio, tem de fazer o maior número de nós utilizando apenas uma das mãos.

Por fim, o **método de comando** é o mais diretivo. Ocorre quando o recreador direciona cada atividade com base em um

---

[1] Em educação física, jogo de estafeta é uma expressão que designa qualquer jogo em que um participante parte correndo de um ponto em direção a um objetivo e, na sequência, outro participante, da mesma equipe, realiza o mesmo percurso, até que todos façam o mesmo.

modelo ou padrão de movimento. Nesse caso, já existe um jeito único de fazer a atividade, quando é necessário que todos realizem o gesto com certa uniformidade. Essa estratégia reduz a criatividade, mas facilita a apreensão de um modelo culturalmente definido, como no caso do folclore.

Imagine, nesse modelo, que você precise ensinar uma brincadeira cantada que tem uma coreografia. É possível iniciar com o método de exploração perguntando se alguém conhece a atividade e se poderia demonstrá-la. É comum surgirem versões diferentes. Você vai agradecer e elogiar a participação de todos que sabiam e se apresentaram. No final, com o método de comando, vai apresentar uma coreografia de brincadeira cantada, na qual todos seguem a mesma letra e gestos.

Importante!

Cada método tem um momento certo de aplicação e a combinação entre eles melhora didaticamente o aspecto educativo da recreação.

Concluindo este tópico, vale mencionar que sabemos que a recreação nem sempre é vista em seu potencial educativo, sendo usada para distração ou mobilização política. No primeiro caso, ela estaria mais alinhada à vertente do recreacionismo e, no segundo, à da animação sociocultural. Ao final, percebemos que a recreação – na perspectiva da recreação educativa (dentro e fora da escola) – tem de dialogar com as tendências educacionais.

Enfim, não existe aventura maior do que aprender novas teorias e testá-las na realidade. Nesse sentido, convidamos você a tomar duas atitudes: 1) tentar aplicar as dinâmicas conforme os diferentes métodos didáticos e adaptá-las ao contexto em questão; 2) estudar mais sobre as abordagens teóricas que nos ajudam a saber quando, para que e por que aplicar cada atividade.

2.2.2 A recreação educativa e a formação integral do ser humano

Agora que você já sabe que a recreação tem diferentes vertentes, vamos enfatizar a educativa. Em sua prática profissional, você verá que é importante conciliá-las. Como a recreação educativa considera tanto o aspecto divertido da atividade quanto o objetivo de promover a educação, é importante ter o conhecimento de uma teoria que possibilite fundamentar a prática.

Nesse sentido, a **teoria das inteligências múltiplas**, desenvolvida pelo psicólogo Howard Gardner, pode ser mais uma base importante para orientar as atividades na recreação educativa. Certamente, você já ouviu falar que a educação deve visar à "formação integral do ser humano". Mas já parou para pensar no que isso realmente significa?

Todos nós temos afinidades e potenciais. Algumas pessoas são mais propensas a lidar com animais, outras com pessoas. Uns demonstram altas habilidades para artes, enquanto outros são exímios com números. Essa capacidade de resolver problemas é o que Gardner (1995) chama de *inteligência*. As pesquisas dele comprovam que cada setor do cérebro tem "predileção" por resolver problemas específicos ligados a um tipo de inteligência. A seguir, vejamos essa tipologia.

- **Musical**: expressa o quanto alguém é capaz de perceber, analisar, reproduzir, reinventar e construir sons. Geralmente, é possível encontrar músicos, compositores, intérpretes e produtores que são altamente desenvolvidos nessa inteligência. Na educação física, isso se expressa na adequada organização de músicas para recreação, dança e exercício físico. A recreação educativa é recheada de brincadeiras cantadas de variados graus de complexidade e que podem ser úteis no desenvolvimento dessa inteligência. Além disso, no tempo livre, as pessoas costumam realizar várias práticas de lazer ligadas à música, desde aprender a tocar um instrumento até ir a um *show*.

- **Espacial**: está muito presente em pessoas com habilidade para a localização de lugares, seja observando os marcos naturais, seja guiando-se por meio de mapa. Por causa das diferenças de gênero durante o lazer na infância, meninos – que, usualmente, brincam mais tempo na rua – costumam ser mais desenvolvidos que as meninas nessa inteligência. Assim, na educação física, a prática de atividades de aventura, especialmente a orientação, são atividades físicas alternativas apropriadas para aprendizagens focadas na inteligência espacial. Na recreação, há um conjunto de atividades fundamentais para que todos vivenciem os desafios de visualizar o espaço e tomar decisões: caça ao tesouro, pique-esconde e jogos de linha (amarelinha, por exemplo). Jogos em que a pessoa possa interferir no espaço, como fazer maquetes, são recomendados para aprimorar essa inteligência.
- **Naturalista**: resolver problemas em meio à natureza é uma capacidade humana que é aprendida e aprimorada nas circunstâncias corretas. Tanto é assim que pessoas que vivem no campo têm habilidades para interagir com um animal ou fazer uma planta sobreviver que não são comuns entre residentes dos grandes centros urbanos. Como o ser humano também faz parte da natureza, a recreação ecológica é um importante ramo, no qual é possível promover a fruição do ambiente natural por diversão, mas também desenvolver a inteligência naturalista. Com isso, há melhora na consciência ecológica e na maneira de cada um solucionar dificuldades na natureza. Para tanto, são recomendáveis diferentes estratégias educativas na recreação, desde a gincana ecológica, dentro do próprio ambiente em que a pessoa vive, até um contato

mais direto, por meio de acampamentos, trilhas, atividades de aventura e turismo rural.

- **Corporal-cinestésica**: foi uma das primeiras inteligências descobertas e, sem dúvida, uma das mais importantes, uma vez que não há inteligência que não passe pelo corpo. Envolve a proficiência em realizar movimentos que sejam eficientes e resolvam problemas concretos (tal como acertar um alvo) e simbólicos (expressar um sentimento, por exemplo). Atletas, dançarinos e atores são profissionais dos quais essa inteligência é constantemente requisitada. No lazer, as pessoas estão adotando práticas fisicamente restritas, o que vem gerando um fenômeno de "analfabetismo motor". Há limitação corporal até para tarefas simples do cotidiano, como abrir uma lata ou sentar ergonomicamente na cadeira. Com uma vida cada vez mais sedentária, acabou havendo uma sobrecarga de necessidade em se mover no lazer. Todavia, como você já viu, há muitos interesses culturais no lazer além do físico-esportivo. Portanto, é seguro que um dos desafios da recreação educativa é reconectar as pessoas com o movimento, nas diferentes esferas da vida.

- **Intrapessoal**: é a capacidade de resolver problemas em situações que exigem autocontrole, foco e reflexividade. É típica em alguém que desmonta uma bomba-relógio terrorista, por exemplo. Muitas atividades físicas alternativas, como ioga, além de artes marciais, são formas de treinar a inteligência intrapessoal. Na recreação, é possível criar jogos em que se exija consideravelmente a capacidade de responder a um desafio sob pressão. No tempo presente, esse tipo de inteligência é bastante associado a saber gerenciar riscos e adaptar-se a mudanças. Por isso, esportes de aventura também podem ser uma opção de lazer para o desenvolvimento dessa inteligência. No campo da recreação empresarial, muitas empresas contratam programas baseados em desafios justamente para aumentar a resiliência (capacidade de voltar ao normal após um estresse) de sua equipe de trabalho.

- **Interpessoal:** é a inteligência associada a lidar com outras pessoas, de forma a se conectar com suas necessidades e características. Líderes, gestores de recursos humanos, animadores, professores, vendedores, relações públicas e psicólogos são algumas das profissões nas quais se espera alta capacidade em interagir com outras pessoas. Na educação física, os esportes e jogos coletivos são a base para o contato humano ser promovido de forma a propiciar um bem comum. Em geral, a partir dos 6 anos, as crianças começam a agir mais grupalmente, sendo que aproximadamente aos 10 anos preferem fazer atividades com a equipe em vez de individualmente. Recreadores, ao identificarem dificuldades nessa inteligência, devem procurar fazer uso de dinâmicas de grupo, conhecidas como *quebra-gelo*, justamente por serem descontraídas e favorecerem a sociabilidade.
- **Lógico-matemática:** é uma inteligência imprescindível para o uso de números e de pensamento abstrato na resolução de problemas. Portanto, não se trata apenas de fazer contas corretamente, mas de aplicar a lógica em situações objetivas, tal como dividir o consumo de água durante uma trilha longa. É por isso que podemos requisitar e desenvolver nossa inteligência lógico-matemática em situações do dia a dia. Na recreação, isso significa promover atividades conforme a metodologia de resolução de problemas. Um exemplo é possibilitar que os participantes formulem uma estratégia de jogo para vencer um circuito de revezamento na lama. Também se pode trabalhar com tarefas, como em uma gincana com charadas matemáticas.

- **Verbal-linguística**: está relacionada a nossa capacidade de expressão simbólica, resultando em boa comunicação. Escritores, jornalistas, poetas, tradutores e publicitários são profissionais com alta requisição dessa inteligência. Porém, na verdade, essa é uma das inteligências mais utilizadas na vida das pessoas, por isso é, em certa medida, aquela com mais variações. A todo momento, surgem novas gírias e palavras, demonstrando o quanto a língua é algo dinâmico e presente na cultura. Basta ver como você se comunica com amigos por meio das mídias sociais. Para a recreação verbal-linguística, isso permite dispor de muitas possibilidades. Palavras-cruzadas, língua do "p", charadas, leitura de histórias, trava-línguas e forca são algumas dessas atividades lúdicas que provavelmente você já realizou.

Essas são algumas das inteligências. É possível identificar ainda outras, como a pictórica (relacionada a imagens) e a espiritual (ligada a aspectos existenciais). Embora possamos realizar jogos direcionados a uma inteligência em específico, Gáspari e Schwarts (2002) assinalam que o desenvolvimento das inteligências está ligado a oportunidades que cada pessoa recebe e aproveita. Nesse sentido, numa mesma prática de lazer, como as atividades de aventura na natureza, é possível captar diferentes sentidos associados às múltiplas inteligências. Por exemplo: com a percepção da ecologia, a pessoa ativa a inteligência naturalista; por sua vez, ao representar desafios, ela explora a inteligência corporal.

Nenhuma dessas formas de inteligência é melhor que a outra, ou melhor, tudo depende da circunstância. Em um incêndio, a pessoa que lembra a rota de fuga mais rápida e demonstra destreza corporal certamente se sairá melhor que outra excepcional em compor músicas ou vender produtos pelo *telemarketing*. Logo, inteligência é toda e qualquer capacidade de resolver problemas, e isso vai muito além de ser erudito ou se sair bem em testes de Q.I.

Enfim, como Gardner (1995) afirma, cada pessoa tem diferentes tipos de inteligência, sendo que o "desenvolvimento integral do ser humano" ocorreria quando a educação contemplasse oportunidades de fruição englobando essas diferentes categorias. Você acredita que, para algumas pessoas, é impossível trabalhar todas as inteligências porque cada um nasce orientado para certa forma de inteligência? Embora realmente exista uma predisposição inata, o meio social influencia muito. Dificilmente, por exemplo, você conhecerá alguém excepcional em uma capacidade (um atleta, por exemplo) que venha de um ambiente que detesta e reprime aquela inteligência (uma família de sedentários, por exemplo).

Logo, ainda que cada pessoa possa ser mais bem sucedida em uma ou duas inteligências, a recreação educativa precisa instigar todas elas, e isso por dois motivos:

1. **No contexto da avaliação das competências que a pessoa já desenvolveu**. Em atividades recreativas com competição, considerando-se um público misto, cada pessoa tem problemas que aumentam sua chance de vitória. Logo, a adoção de estratégias de distribuição de jogos conforme as diferentes inteligências permite que mais pessoas sejam potenciais vencedoras. Se apenas uma inteligência for colocada em evidência, estarão sendo privilegiadas apenas as pessoas especializadas em uma inteligência.
2. **No contexto da recreação educativa para aquisição de novas competências**: a recreação é uma possibilidade de novas aprendizagens. Podem ser propostos jogos que trabalhem variadas inteligências, para que a pessoa tenha um equilíbrio melhor de capacidades. Enfim, a recreação é sempre uma oportunidade para "sair da mesmice"

e aprender coisas novas. Por questões de facilidade e de fruição, temos a tendência de reforçar a inteligência na qual já somos bons. Em campos que não dominamos, pode ocorrer o constrangimento por não conseguirmos executar o que é solicitado, o que pode nos deixar encabulados ("passar vergonha"). Ao mesmo tempo, no contexto lúdico, as pessoas se desbloqueiam e conseguem experimentar coisas novas, sem receio do julgamento social. Por isso, a recreação, mesmo sendo coisa séria, não pode perder sua característica de descontração.

2.3 Política pública de lazer

Conforme já vimos no Capítulo 1, o lazer pode ser definido da seguinte forma:

Fenômeno sociocultural cujas características envolvem a atitude favorável a vivenciar experiências prazerosas no tempo disponível, as quais podem promover benefícios pessoais ou sociais.

A política é o meio institucionalizado para que esses benefícios sociais do lazer sejam garantidos. Política é a gestão daquilo que é comum a todos, ou seja, a organização da vida coletiva. Tanto entidades privadas como públicas podem ter políticas setoriais (educação, saúde, segurança, saneamento, lazer, entre outros setores). Um exemplo é o Serviço Social do Comércio (Sesc), que tem políticas de lazer para os comerciários e seus dependentes. No setor público, existe uma estrutura que pode ir de ministérios relacionados ao lazer (esporte, cultura) a secretarias municipais.

Portanto, a compreensão do que seja uma política de lazer é importante para o profissional que executará ou mesmo comandará a política de lazer em determinado contexto. Nesta seção, você conhecerá algumas características das políticas de lazer.

2.3.1 Características de uma política de lazer

Em uma democracia, é fundamental a existência de políticas públicas. Elas garantem o acesso das pessoas a direitos básicos. Uma política de lazer geralmente reúne as seguintes características:

- Busca conhecimento da realidade por meio do diagnóstico das necessidades.
- Realiza a análise da realidade, identificando o que precisa mudar ou não.
- Estabelece prioridades em relação a critérios de tempo, recursos e público.
- Prevê desde a formação de quadros até a construção e manutenção dos espaços.
- Conta com a participação popular, desde a formulação até a avaliação da política.
- Cria projetos (ações temporárias) e programas (ações permanentes) de lazer.

Outro aspecto importante são os entes ou instituições necessárias para haver uma política de lazer. Existe uma rede de instituições parceiras que precisam estar presentes para que uma política realmente se transforme em ação. Isso vai desde entes de grande porte, como a Organização das Nações Unidas (ONU), a World Leisure Organization (WLO) e o Congresso Brasileiro, até organizações de nível municipal, como organizações não governamentais (ONGs), associações de bairro e associações esportivas.

Uma política de lazer, enfim, é feita de etapas e níveis, indicados a seguir, no esquema da Figura 2.2.

Figura 2.2   Dimensões da política de lazer no Brasil

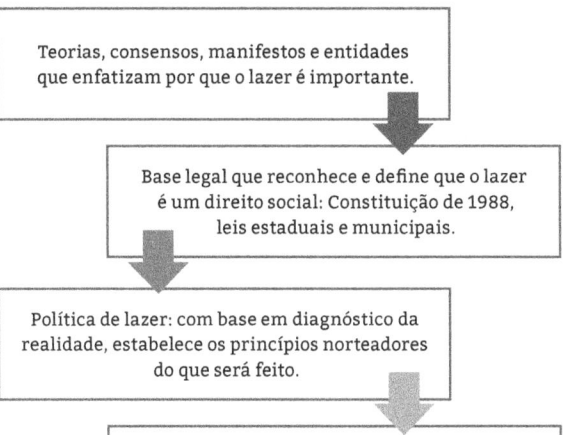

Esse esquema é importante para que você observe a complexidade dos aspectos que envolvem uma política pública. Do ponto de vista formal, começa-se com a identificação de problemas que afligem a sociedade. Como você sabe, o direito ao lazer não foi reconhecido de imediato. No século XIX, as pessoas trabalhavam até 16 horas por dia nas fábricas e não tinham tempo livre. Foi preciso o envolvimento de diferentes pensadores, igrejas, sindicatos e entidades internacionais para justificar a dimensão social do lazer.

Gradativamente foram feitas leis que reconheciam o lazer como um direito. Da mesma forma, com muita pressão popular, essas leis deram fundamento jurídico para que os governos construíssem parques infantis e praças, além de assegurar férias, feriados, descanso remunerado, recreação pública e outras conquistas ligadas ao lazer. Na atualidade, as políticas públicas de lazer costumam ser executadas por secretarias ou diretorias nos níveis federal, estadual e municipal.

A política setorial estabelece o que será feito. O ideal seria que as fontes de determinação de uma política decorressem da obediência à lei e da identificação das necessidades da população. Ainda há casos em que as decisões são tomadas por interesses eleitorais ou apenas pelo gosto de quem está governando. Por exemplo, um secretário de esporte é ex-atleta de voleibol e, em consequência, essa modalidade passa a ser privilegiada em todos os projetos esportivos do município. Você concorda com essa forma de conduzir as políticas públicas?

2.3.2 Como dar vida a uma política de lazer?

Você já sabe que a política pública de lazer é uma política setorial, que exige profissionais capacitados. Portanto, haverá diversas situações em que a atuação de um profissional de educação física será necessária. Vamos apresentar dois perfis:

- **Gestor**: deve ter conhecimento geral para interpretar diagnósticos, liderar a formulação de políticas democráticas, coordenar ações, concorrer ou redigir editais e comandar equipes multidisciplinares em projetos e programas.
- **Especialista**: deve executar ações específicas em projetos ou programas, tendo como base o entendimento da política setorial e do público-alvo.

Na carreira profissional, geralmente se começa como especialista, assumindo-se a responsabilidade pela resolução de necessidades ligadas a um setor ou atividade (recreação, por exemplo). Gradativamente, o profissional pode se tornar responsável pela direção de um setor ou mesmo ocupar cargos superiores. Por isso, preste atenção nos procedimentos para a formulação e a execução de políticas públicas de lazer que vamos apresentar na sequência.

Antes de agir, é fundamental conhecer a realidade em questão. Logo, o primeiro procedimento é o **diagnóstico das necessidades**. Se você estiver em um órgão público, associação ou ONG, é preciso estar a par dos problemas e necessidades da clientela. Os modos de se fazer um diagnóstico são diversos, a saber:

- **Diagnóstico participativo**: envolve a aplicação de dinâmicas de grupo que simulam situações ou apresentam perguntas que serão resolvidas pelos participantes. Um exemplo é o diagrama de Venn, com a entrega de vários círculos de papel com diferentes tamanhos. É solicitado que as pessoas escrevam as carências de lazer na comunidade nos círculos, conforme o tamanho do problema. Depois, elas devem agrupar os círculos de acordo com a relação que estabelecerem e, assim, chegar ao diagnóstico de prioridades e de níveis de dificuldade.
- **Diagnóstico *survey***: é aplicado um questionário sobre o perfil do público e suas demandas. Pode ser feito presencialmente ou com novas tecnologias de informação.
- **Diagnóstico direto**: são convocadas assembleias e reuniões abertas com todas as pessoas interessadas na questão.
- **Diagnóstico indireto**: em situações emergenciais, são agrupados especialistas, pesquisadores, formadores de opinião, consultores e representantes para que se identifiquem as causas de determinada necessidade e as formas de resolvê-la.

Outro aspecto importante é a **formação de quadros**. Como você já sabe, as políticas públicas acontecem quando há gestores e especialistas capazes de concretizar as diretrizes. Aqui, dois equívocos precisam ser evitados. O primeiro é não realizar formação para que um profissional seja aquele que pensa e o outro aquele que executa. Embora seja importante a hierarquia, todos devem saber liderar. O outro equívoco é a superespecialização. Um especialista em esporte no campo do lazer precisa saber como atuar junto ao especialista das artes, pois muitas inovações podem ser feitas quando se reúnem conhecimentos. Por exemplo, ambos poderiam participar da criação de um festival *hip-hop*, unindo as atividades físicas (*break*, basquete de rua) e as artes (grafite, música).

A **captação de recursos** é algo essencial para que as políticas ocorram. Parte da política é financiar projetos por meio de editais ou leis, como a Lei Rouanet e a Lei de Incentivo ao Esporte. Diversas entidades e fundações, como o Rotary Internacional, também recebem projetos que poderão ser financiados. Portanto, uma das oportunidades para democratizar o lazer é buscar esses recursos disponíveis, por meio de leis específicas, patrocínios e leis de isenção fiscal.

Na execução das políticas, a **gestão dos espaços e das atividades** é o clímax. Com relação aos espaços, Pina (2017) destaca que é fundamental observar quatro ações: **administração**, **programação**, **manutenção** e **comunicação**. Assim, um espaço se torna um equipamento de lazer. Equipamentos não são bolas ou capacetes; isso são materiais. Equipamentos são os espaços equipados, que recebem alguma obra, como um terreno sobre o qual se constrói um campo de futebol. Então, com base naquela tipologia de Dumazedier (1999) para os interesses culturais do lazer, podemos classificar os equipamentos tal como consta no Quadro 2.2.

Quadro 2.2 Tipos de equipamento

Por tamanho	Por finalidade	Por conteúdo do lazer
Macro ou	Específico	Especializado
Meso ou	ou	ou
Micro	Não específico	Polivalente

Na gestão do espaço, também se começa com o diagnóstico. Nele se percebe qual é a necessidade da população, combinando-se isso com uma análise da cultura e da sociedade. Uma política de lazer enseja a construção de equipamentos específicos, que são aqueles cuja atividade-fim é o lazer. Todavia, uma política pode, na ausência de construções específicas, viabilizar a realização de projetos em equipamentos não específicos. Embora não tenha sido construída para o lazer, a escola é um exemplo de ambiente que poderia abrigar nos finais de semana um conjunto de ofertas recreativas e esportivas. Uma política, dessa forma, não apenas determina o que é desejado, mas realiza o necessário conforme o que se mostra possível.

Com relação ao tamanho, o macroequipamento de lazer consiste nos ambientes com capacidade para receber grandes públicos. Estádio, parque de rodeios e centro de convenções são exemplos. O mesoequipamento tem capacidade média, enquanto o micro visa abrigar pequenos públicos. No estabelecimento de uma política de lazer, as construções devem observar a necessidade do tamanho do equipamento conforme o público a que se destina.

Vamos concretizar isso no seguinte exemplo de gestão: em uma cidade de 500 mil pessoas, é ideal que ela seja dividida em bairros, regiões e área estratégica. Nos bairros, haveria microequipamentos, como quadras esportivas; em cada região, um ginásio com capacidade média e, em uma área estratégica (uma localização acessível a todos os bairros), um complexo esportivo para receber milhares de pessoas ao mesmo tempo.

Mas não basta a construção de equipamentos sem uma política de atividades para a utilização deles. No exemplo citado, poderia haver iniciação esportiva ("escolinhas") nos microequipamentos dos bairros, com a realização de pequenos torneios locais a serem promovidos nos mesoequipamentos. Por fim, nos eventos de grande porte, que atraiam parcela significativa da população, como um amistoso da seleção brasileira, os macroequipamentos teriam capacidade para absorver o público com qualidade. Assim, podemos notar que existe uma lógica entre o tipo de equipamento e as atividades promovidas nele.

Por fim, a política de lazer também deve levar em consideração o aspecto do conteúdo para o qual o equipamento se destina. Você já sabe que o ideal é que houvesse microequipamentos específicos em cada bairro. Mas, além de ser específico, um outro aspecto a ser observado é se eles serão especializados ou polivalentes. Equipamento especializado é aquele que privilegia um conteúdo cultural do lazer. Uma quadra, por exemplo, é especializada nos interesses físico-esportivos. Nesse sentido, polivalente é o equipamento específico de lazer que contempla mais de um interesse, como você pode verificar ao visitar um clube do Sesc, onde geralmente há bibliotecas, piscinas, auditórios, academias e salão de artes.

Enquanto, em lugares de pequeno contingente, o mais comum é haver microequipamentos específicos e especializados, onde há muito fluxo de pessoas são construídos macroequipamentos específicos polivalentes. Nesse contexto, um conceito, geralmente utilizado pela iniciativa privada, é o de sinergia. O *shopping* é um excelente exemplo: a sinergia pode ser observada na combinação de equipamentos específicos de lazer (cinema, jogos) com equipamentos não específicos (restaurantes, lojas). Essa ideia (sinergia) no setor público poderia representar inovações, como o caso de academias ao ar livre instaladas ao lado de postos de saúde.

Agora você já conhece algumas estratégias que melhoram a chance de sucesso de políticas de lazer. Ainda, para finalizar, recomendamos que o processo seja reiniciado com um novo diagnóstico, para avaliar se as ações estão surtindo resultado. Assim, a equipe saberá se os recursos estão sendo bem empregados ou se serão necessários ajustes para alcançar os resultados desejados.

Feitas essas considerações, esperamos que você tenha ampliado sua visão sobre as características básicas de uma política de lazer e as ações que serão necessárias a gestores e especialistas para que elas aconteçam positivamente. Note que o profissional deve ter um conhecimento geral sobre a realidade, não ficando restrito aos aspectos específicos de sua modalidade. Logo, não se trata apenas de ir à comunidade e repassar atividades. Por outro lado, depois de diagnosticar a realidade e estabelecer as diretrizes, a política de lazer vai exigir uma gestão estratégica das experiências. Esse será o assunto da próxima seção.

2.4 Gestão estratégica das experiências de lazer

No Capítulo 1, refletimos sobre a importância do jogo para o desenvolvimento da recreação e das demais experiências de lazer. Nesta seção, vamos aprimorar essa noção considerando a classificação de Roger Caillois para as experiências lúdicas (competição, vertigem, representação, sorte e azar). Também veremos como organizar um programa de lazer por meio do roteiro P.A.I.E., proposto por Bramante (1997).

2.4.1 O que são experiências de lazer?

Na recreação, percebemos que não existe brincadeira infalível, aquela que agradaria a todos em qualquer circunstância. Porém, é possível usar a razão para programar as atividades para a promoção das melhores experiências de lazer possíveis. Conforme você verá no Capítulo 4, há diferentes teorias sobre o lazer. Em uma delas, afirma-se que buscamos atividades no tempo livre como forma de vivenciarmos experiências para lidarmos com nossas emoções. Assim, em razão do fato de a vida em sociedade ser muito carregada de modos de controle, temos no lazer uma oportunidade para experimentar o lúdico de maneira mais livre.

Como você já sabe, essa liberdade é relativa, pois depende do que é permitido conforme cada meio social. Ainda assim, o lazer é um lugar de liberação e, portanto, de experiências. O ideal é proporcionar atividades que tragam sensações diferentes, uma vez que experiência é tudo aquilo que está retido na memória com um significado. Quem é pai ou mãe sabe muito bem que não se consegue explicar o que é ter um filho, mas, ao passar por isso, cada pessoa reúne sensações que formam sua experiência parterna/materna.

No lazer, é típico que cada um queira encontrar a sensação de prazer. De fato, o lazer é uma busca pelo prazer. Isso tem origem no impulso lúdico que seres humanos e outros animais superiores apresentam. Estudos etológicos apontam algumas constantes que facilitam a experiência lúdica, resumidas no Quadro 2.3.

Quadro 2.3 Indutores da experiência lúdica

Brilho	Tudo o que reluz é lúdico, do ouro à iluminação da discoteca.
Esférico	Realizar atividades com bexigas ou bolas em círculos ativa o lúdico.
Mistério	Ocultar (charadas, presentes embrulhados, caças etc.) alimenta a fantasia.
Água	Além do brilho e do mistério, ambientes aquáticos geram sensações boas.

Há, portanto, facilitadores para que a experiência de lazer se torne mais lúdica, embora não existam garantias. Conforme Caillois (1990), a experiência lúdica é imprevisível, não havendo como prever como ela terminará. Por isso também é improdutiva, pois não visa ao lucro, apenas à satisfação em si mesma. Caillois (1990) propôs uma classificação da experiência lúdica, que pode ocorrer no lazer e fora dele, em quatro tipos de sensação:

1. **Competência** (*agon*): ocorre quando a experiência resultante da atividade é o indivíduo conhecer e desenvolver mais suas habilidades. Isso acontece quando se compete, ou seja, a competência de fazer algo é motivação para o lazer. Esse tipo de sensação é facilitado com jogos, pois as regras determinam como vencer e quem será vencedor.

2. **Sorte/azar** (*alea*): as atividades de sorte/azar suscitam a sensação inversa à da competição. Isso porque o praticante aceita que o resultado será determinado predominantemente pelo acaso. Enfim, se a pessoa vencerá ou não é algo aleatório, como nas situações de lançar um dado ou concorrer ao bingo. Um mundo de probabilidades determinará quem sairá vencedor.
3. **Imitação** (*mimicry*): os jogos de imitação estão relacionados à experiência de representação. Existe um mundo real que é complexo e que não conseguimos compreender completamente. Assim, recorremos a formas lúdicas para simplificá-lo, por meio de suas características mais importantes. Desse modo, criamos uma sensação de "copiar" o mundo, o que gera um prazer específico. Isso pode ser visto em atividades como desenhar e fazer teatro. São formas lúdicas de representar a vida.
4. **Vertigem** (*ilnix*): a sensação de vertigem ocorre fisiologicamente quando nosso corpo sai repentinamente de sua homeostase. Assim, girar, rodopiar, ficar de cabeça para baixo ou deslizar são movimentos que promovem a experiência de sair do próprio eixo. Desde bebês experimentamos a vertigem, quando nos jogam para cima. Depois, os parquinhos, com seus balanços e escorregadores, proporcionam formas seguras de vertigem. Parques de diversão (montanha-russa, roda-gigante, entre outros brinquedos de grande porte) e esportes radicais continuam promovendo a experiência de vertigem no lazer.

O autor ainda mostra que as atividades desenvolvidas para alcançar essas sensações são, em alguns momentos, mais espontâneas e, em outros, mais organizadas. Na hora de gerenciar as experiências de lazer, isso conta muito. Quando as pessoas estão muito estressadas, vale compensar com uma recreação mais descomplicada e, quando as pessoas estão dispersas, é indicado orientar a experiência delas para uma atividade com mais ordem.

A seguir, o Quadro 2.4 apresenta alguns exemplos para ilustrar a classificação de Caillois (1990).

Quadro 2.4 Estruturação das sensações lúdicas presentes no jogo

		COMPETÊNCIA	SORTE/ AZAR	IMITAÇÃO	VERTIGEM
	Mais organizado	Olimpíadas Entrar no Livro dos Recordes Jogos escolares	Cassinos Loteria Bingo	Teatro Desfile de carnaval Festa à fantasia	Paraquedismo Esportes radicais Simuladores
	Mais espontâneo	Boliche Jogar bola Pega-pega	Palitinho Cara ou coroa Par ou ímpar	Carnaval de rua Sombra Mímica	Montanha-russa Escorregar Girar alguém

Fonte: Elaborado com base em Caillois, 1990.

O interessante é que em cada exemplo há a possibilidade de uma atividade ir perdendo a "seriedade" e ir virando pura diversão ou, ao contrário, algo espontâneo ir se tornando cada vez mais sistematizado. Esse é o aspecto imprevisível da atividade lúdica.

Mas como essa classificação permite criar uma metodologia de gestão das experiências em um acampamento ou colônia de férias, por exemplo? Ora, se o profissional tem conhecimento de que são quatro os tipos de sensações lúdicas essenciais à plenitude humana, seria conveniente conferir se sua programação está completa. Imagine um roteiro somente com jogos de competição e, pior, voltados apenas à faceta organizada. Nesse caso, estariam sendo excluídas outras formas de jogo, outras sensações e oportunidades de outras pessoas se destacarem (serem líderes). Afinal, trabalhando os quatro tipos, haveria uma melhor distribuição das sensações e experiências no lazer.

Empiricamente, percebemos que a classificação de Caillois (que não foi criada para esses fins) amplia a própria sensibilidade do profissional, desde que este se oriente por esse conhecimento. Vejamos: certa vez se percebeu em um acantonamento que os adolescentes estavam dispersos. No outro dia, a programação de atividades foi mudada, voltando-se mais para o lado organizado. Com isso, requisitou-se um nível de organização dos jovens que contrabalançou a indolência detectada. Já em um grupo de meninos, identificou-se o perfil contrário. Eles estavam muito ríspidos, tensos, cobravam-se exageradamente nas atividades. A solução foi programar jogos menos regulamentados, permitindo-se o descontrole e a espontaneidade necessários para que os meninos abrissem seus canais de percepção à diversão.

2.4.2 Como gerenciar as experiências de lazer?

Já sabemos que o lazer necessita de tempo livre para acontecer. Porém, muitas vezes, a construção de um equipamento específico é determinante. Ainda assim, se não houver projetos com atividades, isso poderá desmotivar a frequência de uso do equipamento. De fato, gerenciar experiências de lazer não é tarefa fácil. Este tópico apresentará algumas formas racionais de fazer isso.

Dumazedier (1999) destaca a necessária planificação do desenvolvimento cultural associado ao lazer, mas observa que essa planificação, racional, é um modelo ideal, que deve ser confrontado com a realidade, a qual experimenta diversas desigualdades (gênero, escolarização, valores, classe social, etnia, entre outras). Também não se trata de impor, por métodos científicos, uma cultura oficial definida pelo poder do especialista:

> *Trata-se de aplicar maior racionalidade ao desenvolvimento cultural, em função das necessidades de cada personalidade, de cada grupo, de cada classe, de cada sociedade. A planificação cultural possibilita detectar*

melhor as coerções e empregar recursos com maior coerência e eficiência. Ela permite satisfazer o melhor possível as necessidades culturais de uma população, em função dos critérios de preferência escolhidos por ela própria, pelos animadores ou pelos criadores de valores culturais. Estes critérios devem finalmente ser adotados pelos responsáveis políticos. (Dumazedier, 1999, p. 188)

Com base nessa citação, entendemos que o lazer é algo espontâneo na vida das pessoas, mas, para o profissional, deve ser planejado de forma racional. Imagine que você está responsável por gerenciar um equipamento de lazer ou atuar diretamente nele, com a oferta de atividades. No tópico anterior, você viu que as atividades devem prever, ainda que hipoteticamente, o tipo de experiência que a pessoa terá. Então, no fundo, você não apenas oferta atividades, você gerencia experiências lúdicas.

Há diferentes modelos de gestão das experiências. É possível utilizar classificações como a das sensações lúdicas, a dos estratos culturais e a dos interesses do lazer como forma de organizar a distribuição equilibrada de experiências de lazer. Em complemento, você aprenderá a distribuir as atividades dentro de um programa (feito para durar muitos anos) ou de um projeto (com um foco mais específico e duração curta).

Antes, contudo, faça um diagnóstico de sua realidade. Para tanto, identifique seu público, o tipo de equipamento de lazer, o histórico de atividades, as experiências que ocorrem no lazer, as deficiências da programação, o tempo que o projeto ou programa terá para cumprir as metas e os objetivos. Lembre-se de que as metas são os índices (parte quantitativa) do que você deseja alcançar em sua gestão. Já os objetivos se referem à parte qualitativa.

Também é importante conhecer a missão, a visão e os valores de sua empresa:

- **Missão**: qual é a razão de a empresa existir, ou seja, a que ela se propõe.

- **Visão**: como a empresa quer ser vista por colaboradores e pelo mercado.
- **Valores**: do que a empresa não abre mão ao cumprir sua missão e sua visão.

Depois de realizado esse diagnóstico, você chegará a um resultado e decidirá o que pretende mudar e o que pretende manter na realidade. Vamos considerar um exemplo: o governo federal criou o Programa Segundo Tempo, cuja missão é ofertar esporte para crianças em vulnerabilidade social no contraturno. Todavia, foi diagnosticado que as meninas são apenas 30% dos que frequentam o programa. Muitas meninas precisam cuidar da casa e dos irmãos mais novos, enquanto outras não se identificam com a programação.

Esse é o diagnóstico. Agora, você tem de tomar algumas decisões: "Concordo com essa realidade?"; "Sim, então continuo como estou"; "Não, logo, irei traçar diretrizes para mudar a realidade". Essas diretrizes precisam virar projetos que promovam experiências de lazer oportunas para evitar que as meninas deixem o programa e para que outras ingressem.

Logo, para direcionar o que você pretende, haverá um ou mais objetivos, como: 1) incluir as meninas no programa; e 2) diversificar as experiências de lazer de modo que atraiam crianças do gênero feminino. Quanto às metas, após a análise de viabilidade, poderiam ser: 1) aumentar em 20% o ingresso de meninas nos próximos 6 meses; e 2) inserir três novas modalidades com retenção de 80% das meninas.

Para refletir

Com base no exemplo dado, quais experiências seriam pertinentes para alcançar os objetivos e as metas propostos?

Para finalizar nosso estudo sobre o processo de gestão das experiências de lazer, utilizaremos a orientação apresentada por Bramante (1997) para organizar as atividades ao longo do tempo. O autor propõe um modelo orientador sobre o que e quando fazer no cotidiano profissional. Para facilitar o aprendizado, esse modelo será chamado de P.A.I.E. (referente a *Permanente, Apoio, Impacto* e *Especial*).

Nesse modelo, o gestor organiza as atividades ao longo dos anos. As atividades **permanentes** são as que ocorrem todos os dias. As de **apoio** complementam as atividades principais e, pelo fato de apenas apoiarem, não ocorrem permanentemente. A programação de **impacto** é planejada para fechar cada ciclo de atividades permanentes. Por fim, é **especial** toda eventualidade que não está no controle do gestor, mas ele aproveita a oportunidade para incluí-la em seu planejamento.

Que tal um exemplo de aplicação desse modelo? Vamos supor que exista em um clube social-esportivo certo programa regular de lazer para adultos que está baseado no futebol. Os sócios têm como atividade permanente jogar bola duas vezes por semana, com presença de um professor que aplica alongamento, forma os times e arbitra.

Para evitar a rotina, o profissional do clube poderia apoiar as atividades do dia a dia com novidades que aconteceriam uma vez ou outra, como colocar música, sortear um brinde, convidar um amigo, fazer uma competição caseira, fazer um churrasco após o jogo. Apoio, portanto, são essas pequenas ações que incrementam a atividade permanente.

Nesse sistema, ainda existe a programação de impacto, que são as atividades planejadas para marcar na memória e que geralmente acontecem uma ou duas vezes ao ano. Em nosso exemplo, poderia ser realizado um evento do dia dos pais com os filhos ou poderia ser viabilizada a participação em um torneio amador na cidade. Ainda, combinando-se os interesses turísticos e físico-esportivos de lazer, viajar para torcer em um jogo da seleção é o tipo de atividade única e sem equiparação que caberia nesse modelo.

Portanto, o sistema P.A.I.E. é uma forma de orientar o profissional de educação física para a gestão das experiências de lazer. Lembremos que o consumo de coisas tem um limite no que se refere à qualidade de vida das pessoas. O mercado está em busca de vivências significativas que representem um diferencial, em termos de realização pessoal. E, nesse quesito, o lazer parece ser uma oportunidade para cada pessoa buscar prazer e desenvolvimento pessoal com os desafios com os quais ela se identifica.

2.5 Lazer e qualidade de vida

Esta seção finaliza nossas reflexões sobre as dimensões sociais do lazer. Já vimos que o lazer é um direito e, também, uma oportunidade para que as pessoas se eduquem e aprimorem a própria arte de viver. Também consideramos a recreação como uma ferramenta muito utilizada pela educação física para entreter, conscientizar ou educar. Reconhecemos, ainda, o valor das políticas de lazer como forma de democratizar o acesso ao lazer. E, na última seção, vimos como as experiências de lazer podem ser enriquecidas por meio da gestão.

A partir de agora, enfocaremos uma dimensão muito importante do lazer: a qualidade de vida. Para tanto, abordaremos o entendimento desse conceito em sua relação com o lazer e, por fim, algumas ações e recomendações para permitir uma melhor qualidade de vida por meio do lazer.

2.5.1 O que é qualidade de vida?

O conceito de *qualidade de vida* não se restringe a um sentido único. Em geral, depende de cada pessoa, de sua cultura e do ambiente. Assim, por exemplo, para um morador da Islândia, qualidade de vida pode ser sentir calor, pois esse país é o mais frio do planeta. Porém, provavelmente, moradores das Regiões Norte, Nordeste e Centro-Oeste do Brasil fazem essa associação com o calor de forma menos entusiasmada.

Portanto, conforme a Organização Mundial da Saúde (OMS), a qualidade de vida é uma percepção subjetiva em relação à presença de aspectos positivos (e ausência de aspectos negativos) que resultem no bem-estar. Assim, chegamos à definição mais aceita para *qualidade de vida*:

"a percepção do indivíduo de sua posição na vida no contexto da cultura e do sistema de valores nos quais ele vive e em relação aos seus objetivos, expectativas, padrões e preocupações" (Whoqol Group, 1998, p. 1570, tradução nossa).

Desse modo, a qualidade de vida não se resume à saúde. Ela se refere à forma como determinada pessoa, em sua realidade, percebe a presença de dimensões positivas ou negativas nos diferentes domínios de sua vida. As pesquisas que medem esse fenômeno costumam enfatizar variadas dimensões ou domínios da qualidade de vida. Vejamos a seguir os principais aspectos a serem considerados.

Quadro 2.5 **Componentes ideais da qualidade de vida**

Domínios	Características
Saúde física	Além da ausência de doenças ou do controle delas, saúde física implica estar bem com o próprio corpo e suas funções biológicas.
Saúde mental	Envolve desde o sentir-se bem, controlando o estresse, até a ausência de doenças mentais que atrapalham a vida.

(continua)

(Quadro 2.5 – conclusão)

Domínios	Características
Independência	Dirigir a própria vida, sem depender material ou psicologicamente de alguém ou algo para tomar as próprias decisões.
Relações sociais	Engloba todo o contato positivo com outras pessoas, de modo que a família, a sociabilidade e a amizade estão presentes.
Ambiente	Representa um meio que oferta condições de saneamento, contato com a natureza, segurança, transporte e boa habitação.
Integridade	O desenvolvimento ético, religioso ou espiritual necessário para a pessoa estabelecer um sentido para a vida dela no mundo.

Fonte: Elaborado com base em Whoqol Group, 1998.

Nessa visão, podemos perceber que o lazer é uma forma de contribuir para se alcançar a qualidade de vida, pois muitas dessas dimensões requerem experiências consideradas positivas. Mihaly Csikszentmihalyi é o autor de uma teoria muito interessante nesse sentido. Segundo a teoria do fluxo, as pessoas se envolvem mais naquilo que lhes é prazeroso, trazendo a sensação de felicidade. Até aí, tudo bem, não é? Todavia, de acordo com esse psicólogo, existiria uma "fórmula" para aumentar as chances de se chegar a esse estado de plenitude (o fluxo) (Csikszentmihalyi, 1999).

As pesquisas de Csikszentmihalyi (1999) identificaram que a maioria das pessoas não sente qualidade de vida no trabalho. Como nem todos podem ter o serviço que gostariam, elas encontram no lazer a oportunidade de escolher algo que as desafie para darem seu melhor. E esse seria o "segredo" para se chegar ao fluxo, de acordo com o autor. A combinação de habilidades altas com desafios altos é o tipo de atividade que mais proporciona fluxo às pessoas.

Um bom exemplo são aquelas que praticam corrida no tempo livre. Esse não é o trabalho delas, é o lazer. E é nessa esfera da vida que o corredor amador busca melhorar suas marcas, viajar para correr e conhecer novos lugares, formar o próprio grupo de amizades em torno da corrida e sentir-se bem física, mental e espiritualmente. Portanto, com base na teoria do fluxo, podemos concluir que as formas de lazer em que a pessoa toma suas decisões e busca o aperfeiçoamento pessoal de forma autônoma são as mais apropriadas à promoção da qualidade de vida.

Como mencionamos, o lazer é uma oportunidade diferenciada porque permite ao indivíduo optar por aquilo que lhe é mais gratificante, entre as possibilidades concretas. Mas, de todo modo, quanto mais esferas da vida (trabalho, estudo, família, entre outras) proporcionarem à pessoa essa sensação ótima, melhor ficará sua qualidade de vida.

2.5.2 Lazer e qualidade de vida

No tópico anterior, vimos que o lazer é um tempo rico para as pessoas buscarem experiências plenas, o que se reflete diretamente na melhoria da qualidade de vida. Também observamos que é necessário haver autodeterminação para que a pessoa tenha o melhor grau de autonomia possível e possa se envolver com a experiência de lazer que realmente importe para ela.

Neste ponto, talvez você precise retomar as ideias sobre educação para e pelo lazer, políticas públicas e gestão abordadas anteriormente para entender o papel da educação física na promoção da qualidade de vida.

Embora a qualidade de vida seja dependente de múltiplas dimensões e varie de cultura para cultura e de indivíduo para indivíduo, há alguns padrões que podem ser um ponto de partida para orientar as pessoas na relação entre lazer e promoção da qualidade de vida.

O primeiro aspecto é relativo aos comportamentos que mais estão associados ao bem-estar. Como veremos no Capítulo 4, há teorias que consideram o lazer tanto como possibilidade de práticas saudáveis quanto de práticas desviantes. Por isso, a aquisição de certos hábitos parece mais ligada a processos de educação para e pelo lazer do que algo naturalmente dado. Um exemplo é o grande percentual de brasileiros sedentários, ainda que experiências corporais de lazer costumem ser fonte de fluxo.

Por isso, podemos ver que são formuladas políticas públicas voltadas para a promoção da qualidade de vida, as quais, além de incentivarem a população na adoção de comportamentos vistos como saudáveis, também proporcionam as condições necessárias para que ela perceba que tem qualidade de vida. Assim, por exemplo, sabemos que substituir o automóvel por uma bicicleta para se deslocar é melhor para a qualidade de vida (mais gasto energético, menos poluição). Todavia, é necessário que haja uma pacificação do trânsito e ciclovias em quantidade e qualidade adequadas.

A seguir, no Quadro 2.6, apresentamos alguns exemplos de comportamentos que podem ser aprendidos na educação para e pelo lazer, além de incentivados por uma eficiente gestão das experiências de lazer. Em complemento, as políticas públicas devem assegurar condições para a sociedade conviver em um ambiente favorável à qualidade de vida.

Quadro 2.6 Relação entre comportamento e estrutura social

Comportamentos considerados positivos	▪ Alimentação saudável ▪ Controle do estresse ▪ Conduta preventiva ▪ Experiência de fluxo no lazer
Condições reforçadoras de hábitos saudáveis	▪ Segurança ▪ Atendimento à saúde ▪ Saneamento básico ▪ Espaços e equipamentos de lazer

Em complemento ao consenso de que existem contrapartidas entre o que uma sociedade oferece e o que o indivíduo faz por si mesmo, também surgem evidências de que o lazer é mais resolutivo quando diferentes domínios são articulados na prática. Por exemplo, tanto a saúde mental quanto a física são domínios importantes para a qualidade de vida. Em estudos sobre essa relação, percebe-se que, em muitos casos, isso pode significar formas de lazer totalmente diferentes que precisam ser combinadas para se alcançar a saúde física e mental.

Um estudo desenvolvido na Bahia por médicas e enfermeiras (Araújo et al., 2007) encontrou menor ocorrência de transtornos mentais em pessoas que realizavam exercícios físicos regularmente, se encontravam com amigos e iam a festas. Em trabalho realizado com pessoas vivendo com aids/HIV, no Paraná (Pupulin et al., 2016), a mesma combinação de atividades de lazer de interação social, como a recreação, com exercícios físicos vigorosos, como a musculação, produziu uma diminuição nos níveis de cortisol nos participantes. O que há em comum entre estudos sobre lazer e qualidade de vida é a constatação de que não é apenas um tipo de lazer que resulta em melhor resultado. É a variação das formas de experiência, geralmente com a combinação de uma mais recreativa com outra mais fisicamente intensa, que gera resultados positivos para a saúde mental e física.

Um alerta, contudo, deve ser dado. O ser humano é complexo. A ciência pode apenas fornecer probabilidades. Logo, um possível hábito saudável em condições estruturais favoráveis não é garantia de qualidade de vida. Muitos programas de educação física inspirados na ideia de lazer ativo (atividade física no tempo livre) acabam pecando por acreditarem que há uma relação mecânica entre um lazer fisicamente ativo e melhoria na qualidade de vida. A oferta de práticas e equipamentos de lazer não é suficiente.

É preciso transformar a atividade em experiência e o espaço em lugar. Agora talvez tenha ficado complicado, não é? Explicamos:

fazer uma atividade não garante fluxo. Como demonstramos, é necessário que a pessoa esteja envolvida com algo prazeroso e desafiador para ela. Por isso, conforme o que já vimos sobre os estratos culturais, as sensações lúdicas e os interesses culturais de lazer, a educação para o lazer é importante para ajudar cada pessoa a descobrir como produzir experiências de fluxo na maior quantidade de opções possíveis.

No que diz respeito à relação com os equipamentos de lazer, podemos realizar a mesma reflexão. Um espaço é apenas um ponto físico ocupado por um corpo, mas *lugar* é o termo utilizado para designar aquele espaço que tem significado para o indivíduo. Basta observar que praticantes de diferentes modalidades urbanas de aventura, como *parkour* e *skate*, têm um *"point"*, seu lugar de referência e de identidade. É por isso que a recreação é muitas vezes necessária nas construções feitas. É preciso animar (dar alma) ao espaço, para que as pessoas descubram potencialidades e construam suas experiências de fluxo.

Portanto, para promover a qualidade de vida no lazer é importante observar os significados dados pelas pessoas a suas experiências e lugares de lazer. Enfim, a tendência atual é valorizar na cultura o que é eficiente na qualidade de vida, considerando-se os diferentes fatores envolvidos.

Indicação cultural

PATCH Adams: o amor é contagioso. Direção: Tom Shadyac. EUA, 1998. 115 min.

Esse filme, baseado em uma história real, mostra como um estudante de Medicina inovou no processo de tratamento hospitalar, usando o humor. Ele conseguiu demonstrar que é mais eficiente enfrentar as doenças e melhorar a qualidade de vida com o auxílio de dinâmicas recreativas e com um atendimento humanizado.

▌▌▌ Síntese

Conforme vimos neste capítulo, uma dimensão social fundamental do lazer é a educação. Existe um duplo aspecto educativo. Primeiramente, fica claro que o lazer amplia o universo cultural das pessoas e, portanto, é um veículo privilegiado de educação. Porém, se pensarmos o lazer apenas como meio para se alcançar algo, será perdida a característica da gratuidade e liberdade da prática. Logo, a educação também deve estar a serviço de preparar a pessoa – independentemente de sexo, etnia ou classe – para a fruição do lazer. Vale lembrar que, em nossa sociedade, a espontaneidade já é limitada, pois não podemos realmente fazer tudo o que queremos como lazer. Por isso, a educação para o lazer acaba por ser mais importante ainda em uma realidade na qual o acesso ao lazer é dificultado.

Ainda, identificamos que inteligência é a capacidade de resolver problemas e que ela não se restringe à inteligência lógico-matemática. Demonstramos que é possível pensar diferente na hora de valorizar a recreação e a educação física na promoção das múltiplas inteligências. Afinal, os jogos têm grande importância formativa para a teoria das inteligências múltiplas (Pimentel, 2003). Por meio de atividades lúdicas, é possível dar enfoques diferentes à recreação (recreacionismo, animação sociocultural e recreação educativa) e abordar um ou mais dos tipos de inteligência (musical, pictórica, espacial, intrapessoal, interpessoal, corporal, naturalista, verbal e lógico-matemática).

O profissional de educação física deve ficar atento às experiências de lazer. As atividades, nesse sentido, são um meio para se alcançar o prazer que pode vir das diferentes sensações (competência, sorte/azar, representação, vertigem). De nada adianta a atividade se não existir a experiência de lazer. Embora a percepção da qualidade de vida seja algo subjetivo, vimos também que observar seus componentes é uma forma de aumentar as chances de sucesso.

Atividades de autoavaliação

1. Considere as afirmativas a seguir, referentes ao lazer:
   I. Educação, cultura, políticas e qualidade de vida estão entre as dimensões sociais que afetam o lazer.
   II. Fluxo é a capacidade de buscar e usufruir experiências divertidas e prazerosas de lazer, enquanto fruição é o estado ótimo de experiência lúdica.
   III. O modelo P.A.I.E. (Permanente, Agradável, Interessante e Especial) é um modelo de educação para o lazer utilizado na animação sociocultural.

   Agora, assinale a resposta correta:
   a) Somente a afirmativa I é verdadeira.
   b) Somente as afirmativas I e II são verdadeiras.
   c) Somente as afirmativas II e III são verdadeiras.
   d) Somente a afirmativa III é verdadeira.
   e) Todas as afirmativas são verdadeiras.

2. Complete a frase a seguir utilizando os termos disponíveis:

   O _____ precisa ter cultura _____ para programar variadas sensações _____ e diferentes conteúdos _____ para promover _____ de lazer que aumentem as chances de _____.

   Qual é a sequência de termos que corresponde ao correto preenchimento da frase?
   a) aluno, acadêmica, físicas, de lazer, atividades, sucesso.
   b) recreador, de massas, corporais, lúdicos, momentos, diversão.
   c) profissional, específica, cognitivas, esportivos, tipos, liberdade.
   d) gestor, geral, lúdicas, culturais, experiências, fluxo.
   e) animador, popular, emocionais, criativos, programas, sociabilidade.

3. Quais domínios interferem na capacidade do lazer em promover a qualidade de vida?

   a) Ambiente, saúde física e mental, independência, relações sociais, integridade.
   b) Fluxo, políticas públicas, educação para e pelo lazer, recreação.
   c) Recreacionismo, animação sociocultural, recreação educativa.
   d) Sexo, família, religião, democracia, educação, saúde, prazer, dinheiro.
   e) Experiências, equipamentos específicos, sensações lúdicas, inteligências.

4. A recreação pressupõe a resolução de problemas relativos à diversão, à sociabilidade e à educação. Com relação às estratégias que podem ser bem-sucedidas para aumentar a probabilidade de sucesso na recreação, considere as afirmativas a seguir:

   I. Para trabalhar com resolução de problemas centrados no indivíduo, podem ser adotados os métodos de exploração motora ou de descoberta orientada.
   II. Para potencializar o lúdico na recreação, podem-se utilizar ambientes ou objetos que envolvam água, mistério, brilho e formato esférico.
   III. A distribuição de atividades conforme as múltiplas inteligências é uma estratégia de recreação educativa para a aquisição de novas habilidades.

   Sobre essas afirmativas, assinale a alternativa certa:

   a) Nenhuma das afirmativas está correta.
   b) Somente a afirmativa I está correta.
   c) Apenas as afirmativas II e III estão corretas.
   d) A afirmativa III é a única correta.
   e) Todas as afirmativas estão corretas.

5. Imagine a seguinte situação: você assumiu um cargo de direção no município onde mora. Coloque em ordem cronológica as ações necessárias para concretizar uma política de lazer:
   I. Estabelecimento de objetivos e metas.
   II. Diagnóstico crítico da realidade.
   III. Avaliação da política.
   IV. Criação de projetos e programas.

   Qual é a sequência correta de ações a serem tomadas, em termos cronológicos?
   a) I, II, III, IV.
   b) IV, I, III, II.
   c) II, I, IV, III.
   d) II, III, I, IV.
   e) III, I, IV, III.

Atividades de aprendizagem

Questões para reflexão

1. Quais políticas de lazer (esporte, artes, recreação) existem em sua cidade? Elas são executadas por organizações não governamentais (ONGs) ou pelo poder público? Cite algumas ações existentes.

2. Suas atividades de lazer são diversificadas no que diz respeito aos interesses culturais, às sensações lúdicas e às inteligências predominantes? Você procura equilibrar suas atividades em relação a essa diversidade? De que modo você faz isso?

Atividade aplicada: prática

1. Agora que você conhece o que é qualidade de vida e seus domínios, entreviste uma pessoa que tenha experiência com lazer. Pergunte o que ela sente quando pratica atividades de lazer e registre a resposta.

   Depois, compare a resposta com as características encontradas por Csikszentmihalyi (1999) em pessoas que relataram seus momentos de fluxo:

   - Encontra desafios que ampliam suas habilidades.
   - Consciência e ação são uma coisa só.
   - Altamente concentrada, não sai do foco.
   - Não sente dor, esquece qualquer preocupação.
   - Sente-se no controle da própria vida.
   - Vive aquele presente e não sente o tempo passar.
   - O prazer de realizar a atividade é maior que a recompensa.
   - Está em um nível superior de integração com Deus e as pessoas.

   Por fim, tente realizar você a atividade de lazer citada pela pessoa entrevistada. Você chegou às mesmas percepções que ela sobre fluxo e qualidade de vida? Explique sua resposta.

Capítulo 3

As práticas corporais no lazer

Marcos Ruiz da Silva

Os interesses e as motivações das pessoas em relação às experiências de lazer são diversos e muito particulares. Mesmo se considerando a possibilidade de identificar e classificar esses interesses, como já discutido no Capítulo 1, é necessário reconhecer que os indivíduos investem tempo, energia e outros recursos para desfrutar de diferentes interesses culturais (Dumazedier, 1999).

Nessa direção, cabe ao profissional buscar desenvolver competências e habilidades para poder suprir determinados anseios e desejos de crianças, jovens, adultos ou idosos. Assim, um profissional que está envolvido com as atividades que estão inseridas no universo das artes plásticas, por exemplo, precisa aprofundar seus estudos e apreender técnicas específicas que possam lhe conferir qualificação no desenvolvimento de suas atividades profissionais.

Não é uma tarefa fácil dominar, com excelência, distintas práticas, mesmo porque em cada uma das áreas há desdobramentos, o que dificulta que alguém com formação em determinado campo domine todas.

Tendo em vista essa perspectiva, buscamos discutir as práticas de lazer ligadas, por vocação, à formação acadêmica do profissional de educação física. Assim, podemos sintetizar os objetivos do capítulo da seguinte forma:

- Compreender as características gerais das práticas corporais de lazer.
- Identificar as inter-relações entre as práticas corporais e outras atividades de lazer.

3.1 Práticas corporais e lazer: objeto da educação física

Existe uma relação muito próxima e, de certa forma, quantitativamente predominante na área técnica e acadêmica da recreação e do lazer com o campo da educação física. Ou seja, é significativamente expressivo o número de estagiários e profissionais dessa área que atuam em diferentes espaços de lazer, assim como o volume de pesquisas e congressos que discutem o assunto, nos quais a participação desses profissionais é numericamente superior em relação à de outras áreas.

O vínculo do profissional de educação física com os conhecimentos e as experiências que adquiriu em seu processo de formação contribui para o desenvolvimento de uma grande diversidade de práticas ligadas ao movimento, como as diversas modalidades esportivas, gincanas, caminhadas e atividades de caráter ginástico (hidroginástica, alongamento e outras), sendo desenvolvidas em escolas, hotéis, acampamentos, parques, praças, praias, *spas*, centros de treinamento esportivo e outros equipamentos específicos ou não de lazer.

É interessante destacar que, apesar de os programas de recreação e lazer poderem contar com um profissional que dispõe de formação específica para atuar com essa especificidade, isso provoca, de certa forma, uma predominância de conteúdo na oferta das práticas, muitas vezes, em detrimento de outras, inibindo assim a possibilidade de as pessoas optarem por práticas que estejam em maior consonância com seus interesses, ampliarem seu repertório de experiências, entre outros aspectos.

Diferentes perspectivas teóricas e filosóficas disputam o campo acadêmico da educação física e apresentam, cada uma, abordagens que refletem, de certa maneira, determinado período e contexto social. Sob abordagens ligadas às ciências naturais, à pedagogia ou às ciências humanas, as práticas corporais são marcadas por finalidades divergentes, dentro ou fora da escola. Assim, a associação com saúde na perspectiva biológica, o desenvolvimento humano sob o olhar positivista e a conquista da autonomia do sujeito variam conforme o ponto de vista a partir do qual o profissional olha para o objeto. Consequentemente, o objeto de estudo da educação física em diferentes perspectivas (por exemplo, movimento humano, cultura corporal de movimento e cultura corporal) é o resultado de ideologias político-filosóficas, e cada uma delas está sujeita a críticas (Frizzo, 2013).

Independentemente da direção que cada profissional assume como posição político-ideológica e da forma como coordena sua ação no campo do lazer a partir dessa leitura da realidade, existem alguns princípios que precisam ser levados em consideração, como a interface que as atividades físico-desportivas têm com os diferentes interesses culturais do lazer, por exemplo (Dumazedier, 1999).

Nesse sentido, julgamos necessário que o profissional de educação física faça um exercício de distanciamento e desprendimento de sua área de conhecimento – sem a necessidade de perder sua identidade epistemológica – para conhecer, apreender e conseguir interpretar o sentido dos diferentes interesses do lazer. Isso consiste na construção de uma visão sistêmica das experiências de lazer dos indivíduos, ou seja, uma visão do todo. Essa atitude permite ao profissional a realização da análise do cenário e, assim, a ação a partir da compreensão da interferência dos diferentes conhecimentos na atribuição de sentidos dos indivíduos à prática.

Esse afastamento de seu objeto de estudo compreende dois planos. O primeiro está intimamente ligado às preferências pessoais que esse profissional tem em relação a alguma prática, como caminhadas, ginásticas, corridas, escalada ou esporte – ou ainda uma modalidade específica no universo desse conteúdo, como o futebol. É razoável aceitar a ideia de que essa familiaridade com o assunto tem relação com a história, as experiências, o conhecimento sobre o objeto. No entanto, levar para o ambiente de lazer propostas que restringem a participação das pessoas à predominância de um conteúdo reforça a concepção que Bramante (1999) chama de *monocultura do lazer*, ou, como reforça o autor, a monocultura da monocultura do lazer, isto é, dentro de um conteúdo, como, no caso, o esporte, concentrar energias em determinada modalidade esportiva.

O segundo plano mencionado, com um distanciamento ainda maior em relação ao objeto de estudo da educação física – sem perder de vista a identidade com a área –, diz respeito à aproximação com as diferentes áreas conhecimento e de seus conteúdos. Nesse sentido, acredita-se que o profissional consiga enxergar seu objeto por diferentes olhares, como no caso do futebol, a partir do teatro, da literatura, de oficinas de trabalhos manuais, do cinema, por exemplo, como possibilidade de recreação e lazer. É possível considerar também que há um universo de possiblidades a serem implantadas nas programações de lazer, para além das práticas corporais, ou atividades físico-desportivas.

Assim, dentro do cenário da educação física estão as gincanas, a pescaria, o empinar pipa, a escalada, o *rafting*, os jogos e brincadeiras motoras, o motociclismo, o campismo etc.

Muito embora exista uma predominância dos conteúdos culturais do lazer na característica físico-desportiva, dentro dele há ainda a predominância do esporte. A seguir, discutiremos a dinâmica esportiva no cenário da recreação e do lazer.

3.2 Esporte como lazer

Primeiramente, é preciso deixar claro de que esporte estamos falando. Aliás, saber interpretar esse fenômeno, relacionando-o com suas interfaces – políticas, econômicas e sociais –, contribui para a reflexão necessária para a área. Nesse caso, trata-se de considerar o conhecimento do esporte, como fenômeno social moderno, de maneira mais geral, para compreender a dinâmica da vida social ligada a ele, assim como conhecer as particularidades – técnicas, táticas, culturais, sociais, econômicas, políticas – de modalidades esportivas que fazem parte do repertório de atuação profissional.

Apesar de haver distintas abordagens teóricas sobre a definição de *esporte*, as pessoas em geral não têm dificuldades em identificar as diversas modalidades esportivas, como o tênis, o atletismo – incluam-se aqui as corridas de rua – e o basquetebol, como esportes, diferenciando-as de outras práticas corporais, como os diversos jogos e brincadeiras tradicionais.

Nesse sentido, a definição de Marchi Júnior (2004, p. 129) permite desconstruir a ideia de um modelo de esporte e distinguir esse objeto de outras práticas corporais: "Uma atividade física regrada e competitiva, em constante desenvolvimento, construída e determinada conforme a dimensão sociocultural e, finalmente em processo de profissionalização".

Vale a pena deixar claro que a natureza competitiva do esporte, conforme apresenta o autor, não está, necessariamente, condicionada à participação em algum campeonato, mas à forma como é organizada, geralmente a partir da disputa entre duas pessoas ou mesmo entre equipes. Outro detalhe nessa interpretação do que vem a ser esporte está na ideia de que ele é eminentemente físico. Essa interpretação restringe a abrangência para atividades como xadrez e, mais recentemente, para os *e-sports* (esportes eletrônicos).

Ainda que a visão de Marchi Júnior (2004) seja imprescindível para a compreensão do que vem a ser esporte, julgamos que ela limita a interpretação das pessoas quanto à prática. Por exemplo, a prática do xadrez, apesar de sua predominância cognitiva quanto à exigência do jogador, também está regulamentada por uma instituição de administração esportiva, como uma federação e também uma confederação, que estabelecem as normas de como ele deve ser praticado.

Não é possível falar de esporte como lazer sem considerar sua interdependência em relação ao esporte profissional e também ao esporte escolar. Mesmo havendo entre eles características distintas, há convergências quanto às finalidades, nas quais cada dimensão do esporte – participação, rendimento, educacional – sofre influência e é influenciada pela outra.

Assim, é aceitável afirmar que as experiências nas aulas de Educação Física colaboram para que a criança apreenda conteúdos – motores, culturais, cognitivos e outros –, adquira habilidades, analise criticamente o fenômeno esportivo, o que contribui para despertar seu interesse pela prática ou pelo consumo do lazer esportivo.

Da mesma forma, partindo-se do espetáculo esportivo – produto do esporte profissional –, é provável que as pessoas consigam motivar-se a buscar desfrutar de experiências no lazer. E, no âmbito do lazer, as experiências das pessoas também fornecem fundamentos que estimulam as crianças a enriquecer os conteúdos e as aulas de Educação Física na escola, assim como a consumir os espetáculos esportivos.

É pertinente destacar também que essa interinfluência entre as diferentes dimensões do esporte e a contribuição que cada uma dá às demais esferas, além de novas habilidades e informações sobre determinado conteúdo, produzem, do mesmo modo, a transferência de interpretações sobre algum objeto. Nesse caso, Ramos e Isayama (2009) demonstram uma preocupação com o uso da publicidade e propaganda associadas ao esporte no cenário do espetáculo esportivo, o que colabora para construir um modelo de prática e das relações sociais.

A construção de um modelo com base na lógica da indústria do entretenimento, vinculada, geralmente, com o consumo, é produzida dentro de um cenário que não reflete a realidade de milhares de brasileiros, como as condições da infraestrutura disponível para a prática, as circunstâncias em que essas atividades são desenvolvidas e as oportunidades de acesso. É coerente afirmar que as atividades esportivas são realizadas de forma precária por uma grande parcela da população, a qual não conta com um campo de grama oficial e em excelentes condições de uso, não dispõe de uma rede de vôlei ou mesmo de uma bola adequada, entre outras dificuldades.

O papel do profissional no espaço da recreação e do lazer é fundamental para a conformação da prática das pessoas e também para a construção de representações sociais sobre elas. Reforçar a lógica do esporte profissional sob a perspectiva do rendimento, da *performance*, pode estar camuflado sob atitudes inconscientes, como a cobrança da técnica correta durante uma "pelada", independentemente da modalidade, o rigor na cobrança das regras em um jogo descompromissado, o formato segundo o qual organiza um festival esportivo, entre outros procedimentos (Silva, 2009).

A ideia do esporte no lazer ou lazer esportivo contrapõe algumas ideias do esporte de rendimento, como o rigor no cumprimento das regras, a disposição de espaços oficiais para a prática, a preocupação com a *performance* e os resultados, por exemplo. Esse universo pressupõe liberdade, prazer, diversão, fatores associados ao sentido de confraternização, de desenvolvimento e realização pessoal. Assim, vale o futebol com dois jogadores para cada equipe, com três jogadores em um time e quatro em outro. Vale também a duração de 5, 10 ou 60 minutos, ou ainda considerar que " com 10 gols encerramos o primeiro tempo e com 20 gols terminamos a partida". E tudo isso independentemente da idade ou do sexo.

Outro aspecto que precisa ser levado em consideração quanto à relação das pessoas com a prática do esporte é o crescente aumento do número de pessoas que investem tempo e recursos financeiros para se dedicarem a treinamentos extenuantes que as preparem para a participação em competições esportivas amadoras.

Apesar de a estrutura organizacional destinada à realização de eventos esportivos para participação amadora estar em consonância com o modelo utilizado para o esporte profissional, atribuindo-se à ideia de competição esportiva amadora os mesmos valores simbólicos da profissional, vale destacar que esse cenário conflita com a ideia de que o indivíduo que pratica não tem como finalidade outra recompensa senão o prazer da participação.

De todo modo, mesmo que essas práticas estejam dentro de uma estrutura de recompensa, levando as pessoas à intenção de superação, à busca de recordes, o objeto do atleta amador não está voltado à profissionalização. Ou seja, a mimetização está na reprodução de um hábito social construído pela representação que as pessoas têm do esporte profissional (Souza; Marchi Júnior, 2017).

Ao profissional que atua no âmbito da recreação e do lazer cabe fazer a interpretação desse cenário e refletir sobre a possibilidade de superação desse estado reprodutivo das práticas, gerando nas pessoas a possibilidade do encontro com o esporte-lazer sob novas perspectivas.

3.3 Educação física, escola e lazer

A escola poderia tornar-se um espaço propício, por excelência, à promoção de uma íntima relação com a recreação e o lazer. O convívio infantil e a diversidade de saberes são alguns elementos desse ambiente. Apesar disso, há algumas questões que necessitam ser discutidas, como: É aceitável atribuir à educação física escolar a responsabilidade pela educação para o lazer? A recreação e o lazer se tornariam conteúdos das diferentes disciplinas aplicadas na escola?

Diante dessas questões, a intenção aqui é apresentar alguns argumentos que tenham como base um diálogo entre o cenário da escola, a educação física, a recreação e o lazer.

Para isso, é necessário considerar esse debate sob duas perspectivas: uma que considera a escola como um espaço privilegiado para pensar a educação para o lazer e outra que considera a escola como um espaço privilegiado para o lazer da comunidade.

Mesmo havendo distintas abordagens para o enfoque desses dois aspectos, não há como descaracterizar a íntima relação que elas têm com o processo socioeducativo das experiências de lazer, seja no ambiente formal, seja no informal, ou seja, como proposta curricular da escola ou como livre participação das pessoas nas possíveis formas de explorar o espaço da escola com práticas recreativas e de lazer.

Entendendo-se o lazer como uma dimensão da cultura da escola, no âmbito da política de desenvolvimento do aluno, levam-se em conta as atividades curriculares e extracurriculares, as festas, o recreio e os conteúdos desenvolvidos nas aulas, em diferentes disciplinas.

Diferentemente de haver uma disciplina que discuta recreação ou lazer, ou mesmo que esse tema seja contemplado no programa do professor para ser discutido em sala, acredita-se que a recreação e o lazer devem ser concebidos de forma transversal. Para isso, não há a necessidade de inserir uma nova disciplina no currículo da escola, e sim abrir espaço para a inclusão de saberes extraescolares, como o lazer. Dessa forma, os temas *recreação* e *lazer* perpassam o conteúdo de diferentes disciplinas, relacionando-se com questões do cotidiano.

Para que isso ocorra, uma primeira possibilidade é que os professores de cada disciplina não façam qualquer distinção entre os conteúdos de suas áreas e os temas *recreação* e *lazer*. Nessa direção, o vínculo com a construção da cidadania está implícito nos valores atribuídos aos conteúdos de cada disciplina.

De outra forma, os temas *recreação* e *lazer* podem ser explorados em momentos distintos. Com a organização de módulos e a definição clara do assunto, é possível realizar atividades pertinentes. Pode-se, igualmente, trabalhar sob a perspectiva de projetos específicos, nos quais o professor, por meio de esforços temporários, aborda os conteúdos de sua disciplina com base naqueles dois temas.

Outra proposta para trabalhar a recreação e o lazer na escola coloca a temática no centro do currículo. Essa visão está pautada na perspectiva das transformações sociais. Dessa forma, os conteúdos escolares são considerados como um meio, e não um fim, ou seja, no sentido da busca pela transformação social.

E o recreio escolar? Como esse espaço, de certa forma, residual do período letivo diário pode constituir-se em um espaço privilegiado para o desenvolvimento das crianças?

Apesar do controle exercido pela escola quanto ao uso do tempo no horário do recreio escolar, é possível aceitar a ideia de que os alunos corrompem as normas e exploram seus desejos e formas de convivência mais espontâneos. Nesse cenário, existe a possiblidade da convivência, da criatividade, mas também do *bullying*, da agressão, do vandalismo e outros comportamentos.

Um discurso recorrente acerca do aproveitamento do recreio como um espaço favorável ao desenvolvimento pessoal e social dos alunos diz respeito ao recreio dirigido. Nesse caso, as crianças contariam com atividades – motoras, artísticas e outras – sob a coordenação da equipe pedagógica da escola, o que contribuiria para manter o controle das crianças, evitando-se depredação do patrimônio da escola, brigas e outros comportamentos indesejáveis. Além disso, os defensores do recreio dirigido acreditam que seria possível potencializar as oportunidades de aprendizado das crianças com atividades formativas.

Nessa direção, Cardoso, Xavier e Teixeira (2017) defendem a ideia de que a escola tem a responsabilidade de desenvolver a cultura lúdica, levando a criança a explorar seu potencial criativo a partir das oportunidades de elas brincarem livremente. Na opinião dos autores, isso não tem ocorrido porque a escola não oferece condições para que elas possam aproveitar o período do recreio escolar, tornando esse espaço improdutivo, tanto para os professores quanto para os alunos.

Apesar da preocupação de Cardoso, Xavier e Teixeira (2017) quanto ao aproveitamento do recreio escolar para o uso do livre brincar e também para a difusão lúdica, a ideia de recreio dirigido parece indicar uma visão utilitarista desse tempo do aluno e, de certa forma, repressora de sua capacidade de emancipar-se. Dessa forma, é coerente questionar se o recreio nessa perspectiva não estaria cerceando a conquista da autonomia, mais próxima do livre brincar, na medida em que as crianças dependeriam da direção das equipes administrativa e pedagógica da escola para viverem as experiências.

Portanto, para que o recreio escolar possa se constituir em espaço de comunhão, há de se levar em consideração a complexidade da convivência, provocada pela complexa dinâmica cultural vivida pelas crianças de diferentes faixas etárias, diferentes regiões, distintos capitais culturais, interesses e necessidades.

Outro aspecto presente no cotidiano escolar está ligado à participação popular no uso da estrutura de que a escola dispõe. Nesse cenário, ainda existem os eventos promovidos pela escola, seja para cumprir os compromissos curriculares, seja para oferecer à comunidade maior aproximação com o ambiente escolar. Esses acontecimentos, que podem ser uma festa junina, os festejos do Dia das Crianças, a comemoração do aniversário da escola, uma feira de ciências, uma apresentação de teatro, dentre outros, representam uma oportunidade de levar as pessoas à convivência da comunidade no lazer.

3.4 Atividades físicas de aventura na natureza e lazer

Seja no ambiente rural, seja no urbano, em uma praça ou um parque, há um conjunto de atividades que levam as pessoas ao encontro com a natureza a partir de experiências com o imprevisto, o risco, o perigo, a façanha, a proeza, a coragem e a audácia.

Apesar de haver uma associação com as atividades físicas e esportivas de aventura na natureza, como práticas de lazer, e com a ideia de radicalidade, muito próxima à noção de ousadia, de risco, é preciso levar em conta que existem práticas que dificilmente poderiam enquadrar-se na categoria de aventura, como o *skate*.

Da mesma forma, é complicado determinar qual prática corporal vem a ser ou não uma atividade de aventura, porque as emoções da experiência estão intimamente ligadas à percepção do indivíduo.

Outro aspecto é que as atividades de aventura não são restritas somente à realização na natureza. É possível encontrar práticas como corrida de orientação e rapel, por exemplo, sendo realizadas no meio urbano, com a utilização de estruturas físico-arquitetônicas, como prédios e monumentos. Essas atividades são conhecidas também pela sigla Afan (atividades físicas de aventura na natureza) e também por AFEs (atividades físicas e esportivas). Marinho (2017) apresenta alguns exemplos, relacionados no Quadro 3.1, a seguir.

Quadro 3.1 Características das atividades de aventura

Aquáticas	Descrição	Característica
Acqua ride	Descida de corredeiras deitado de peito sobre a boia, remando-se com os braços.	Aquática
Boia *cross*	Descida de corredeiras sentado em boia individual.	Aquática
Arvorismo	Prática realizada entre as copas das árvores; é uma espécie de percurso aéreo, em que são praticadas atividades como andar em cordas bambas, tirolesa, redes etc.	Aérea

(continua)

(Quadro 3.1 – continuação)

Aquáticas	Descrição	Característica
Caminhadas de um dia	Caminhadas curtas, realizadas sem o transporte de muito peso, com retorno ao ponto de partida antes do anoitecer. Mesmo sendo de curta duração, podem apresentar variados graus de dificuldade, conforme a distância e a topografia do percurso.	Terrestre
Caminhadas longas (travessias)	Caminhadas de dois ou mais dias, havendo a necessidade de ser transportado o equipamento em mochilas, embora animais de carga também sejam utilizados.	Terrestre
Canyoning	Várias sequências de *cascading* e descidas de rios.	Aquática
Cascading	Rapel realizado em cachoeiras.	Aquática
Cavalgada	Passeios a cavalo, podendo ter a duração de um ou vários dias.	
Caving	Visitas a cavernas sem intenção de estudos, sem fins de exploração ou reconhecimento aprofundado das cavernas, o que diferencia a prática da espeleologia, que é justamente o estudo das cavernas no que se refere à geografia, à topografia, à geologia, à flora e à fauna.	Terrestre
Escalada	Referente aos diferentes tipos de progressão em rochas e paredes. Existem várias classificações; porém, uma das mais conhecidas divide a escalada em: 1) modalidades em rocha e muro artificial – muro artificial, *bouldering*, escalada esportiva, escalada livre tradicional ou clássica e *big wall*; e 2) modalidades mistas e em gelo – escalada alpina, alta montanha, cachoeiras congeladas e escalada mista (realizadas fora do Brasil).	Aérea

(Quadro 3.1 – conclusão)

Aquáticas	Descrição	Característica
Mergulho autônomo	Realizado com o uso de reserva de ar (cilindros). É preciso ter credencial para realizar este tipo de mergulho.	Aquática
Mergulho livre	Realizado sem o uso de reserva de ar (cilindros).	Aquática
Mountain biking	Passeios por trilhas em bicicletas especiais.	Terrestre
Rapel	Técnica de descida por corda, com a utilização de cadeirinha (conjunto de fitas de náilon de alta resistência costuradas entre si para envolver as pernas e a cintura do praticante, formando um assento; é nela que o mosquetão e o freio são conectados). Originariamente utilizada por espeleólogos e escaladores.	Aérea
Rafting	Descida de corredeiras em botes de borracha. Normalmente é realizado com seis remadores. Os níveis de dificuldade vão de 1 (corredeiras fáceis) até 6 (corredeiras perigosas).	Aquática
Voo livre	Voo com o uso de equipamentos individuais de sustentação aerodinâmica, em que o prolongamento do voo é obtido com a utilização de correntes de ar ascendentes. As duas modalidades mais praticadas são a asa-delta e o parapente.	Aérea

Fonte: Elaborado com base em Marinho, 2017.

O Quadro 3.1 pode ser compreendido como uma pequena amostra de uma grande gama de práticas existentes, seguindo a lógica da aventura na natureza. É interessante destacar que as características das atividades apontam a forma como o indivíduo se conecta com a natureza e, consequentemente, as sensações que serão experimentadas, como a vertigem nas atividades com característica aérea, por exemplo.

Para enxergar a relação produzida entre a atividade física ou esportiva e o indivíduo e a produção de sentidos, torna-se indispensável compreender os sentidos atribuídos pelos atores sociais ao meio ambiente à natureza.

Nessa direção, Marinho (2017) propõe uma reflexão sobre como a construção de um modelo perceptivo em relação à natureza tem influenciado nas experiências das pessoas quando buscam desenvolver práticas de atividades físicas e esportivas na natureza. Segundo a autora, a valorização estética das paisagens naturais, como símbolo distintivo de consumo, acaba por refletir uma concepção de externalidade, isto é, o homem não se enxerga como parte desse meio, entendido como um espaço a ser explorado para suprir suas necessidades técnicas, políticas, econômicas e simbólicas.

Tendo em vista esse ângulo pelo qual a natureza é apropriada, os profissionais ligados às áreas da recreação e do lazer encontram um desafio para além das questões didáticas, pedagógicas e técnicas que envolvem a prática de atividades físicas ou esportivas na natureza. O desafio é compreender que essas práticas expressam: "características de uma época [...] [e, por isso,] desenvolvem uma lógica contextual integrando vários elementos da realidade social e expressando valores, comportamentos e ideias manifestados na atualidade, o que justifica, portanto, a importância e a relevância da sua compreensão" (Marinho, 2017, p. 4).

Nessa direção, levando-se em conta a possibilidade de as pessoas se encontrarem imersas em uma lógica propagada pelo lazer de consumo, em que a natureza acaba se constituindo como um "parque de diversão" destinado ao entretenimento das pessoas, a relação homem x natureza x atividades de lazer pode provocar prejuízo a todos os envolvidos, seja pela depredação dos espaços naturais (fauna e flora), seja pelo uso predatório dos visitantes, seja pela exposição ao risco por parte dos usuários nas diversas atividades possíveis no âmbito da experiência humana.

3.5 As tecnologias da informação e comunicação (TICs) e as práticas corporais de lazer

É inegável a influência que as tecnologias da informação e comunicação (TICs) têm exercido sobre crianças, jovens, adultos e idosos nas diferentes dimensões da vida. No trabalho, nos estudos ou no lazer, as pessoas encontram nas TICs alternativas para facilitar a realização de tarefas corriqueiras em casa, na escola ou no ambiente corporativo. Um outro aspecto que merece a atenção é o uso dessas ferramentas para as práticas recreativas e de lazer. As pessoas têm consumido grande parte de seu tempo disponível com diversas formas de diversão, como o acesso a jogos, *sites* de entretenimento e também redes sociais.

Apesar de existirem vários segmentos da sociedade que estão discutindo os impactos – físicos, emocionais e intelectuais – dessa nova realidade, essa é uma discussão que divide opiniões. Há aqueles (estudiosos ou não) que indicam aspectos positivos e aqueles que apontam os efeitos negativos da interferência das TICs na vida das pessoas.

No âmbito da polêmica que envolve esse assunto, é relevante citar dois temas que permeiam essas discussões. Um se refere à construção das relações interpessoais, e outro diz respeito ao aumento do índice de sedentarismo em virtude de as pessoas substituírem a participação em práticas corporais pelo envolvimento com jogos eletrônicos.

Levando-se em conta o aspecto mais próximo à questão do convívio social no lazer, o que chama a atenção é o tempo que as pessoas estão dedicando para estabelecerem relações interpessoais – mesmo que virtualmente – utilizando a mídia em detrimento do convívio presencial. A construção de redes, os bate-papos e os grupos de discussão nos *sites* de relacionamento e de conteúdo têm se intensificado dia a dia. Apesar disso, não é possível afirmar que há um prejuízo para as pessoas que se envolvem nessa forma de divertimento, sob a alegação de que estão abdicando de construírem relações "presenciais" para permanecerem em frente da tela de um computador ou mesmo de um celular.

Quanto ao tempo de lazer consumido com os *videogames*, principalmente pelos jovens, há de se levar em conta que esse comportamento não é algo específico do século XXI ou ainda da época da propagação dos jogos disponíveis na internet. Diversos garotos e garotas já se divertiam com jogos eletrônicos na década de 1980, e uma geração de adeptos dos jogos eletrônicos tem crescido juntamente com as novidades que surgem a cada dia.

Na diversidade dos jogos eletrônicos existentes, há também aqueles que propõem ao jogador experiências corporais diversas, como participar de jogos esportivos (tênis, boxe, esgrima, entre outros), e de atividades de ritmo (danças e outros desafios).

No que tange ao papel do profissional que consegue enxergar o ambiente da recreação e do lazer, é necessário estabelecer uma aproximação entre o digital e o físico com base em estratégias que consigam promover o diálogo entre esses dois cenários.

Indicações culturais

WALL-E. Direção: Andrew Stanton. EUA, 2008. 103 min.

Assista ao filme de animação WALL-E e procure refletir sobre as discussões desenvolvidas no capítulo. Trata-se da história de como a sociedade da época encontra uma alternativa para fugir de um planeta que não apresenta mais condições de ser habitado pelas pessoas. O filme retrata também a incorporação de alguns hábitos e como isso provoca alterações nas relações pessoais e também nas atividades corporais.

KLINK, A. **Cem dias entre céu e mar**. São Paulo: Companhia das Letras, 1984.

Esse livro, de Amyr Klink, foi lançado em 1984 e descreve a travessia do Oceano Atlântico, realizada pelo autor, a bordo de um minúsculo barco a remo. Em seu relato, é possível perceber a visão de Amyr sobre sua relação com a aventura e os acontecimentos vividos durante sua viagem.

Síntese

No percurso desenvolvido neste capítulo, foram apresentadas as práticas corporais como mais uma opção para as experiências de recreação e lazer das pessoas. Vimos também que essa prática precisa dialogar com diferentes desejos e interesses dos indivíduos, seja nas experiências individuais, seja nas coletivas.

No âmbito das práticas corporais, o esporte se constitui em mais uma prática que pode ser vivida sob diferentes representações e sentidos. Mesmo quando, de forma não intencional, o sujeito busca no esporte suprir seus desejos e necessidades de lazer, é frequente a reprodução de comportamentos muito próprios do esporte profissional.

Abordamos a escola como um núcleo imprescindível para a construção de uma cultura ou sociedade que considere o lazer como um elemento inquestionável das experiências de vida, em constante interface com todas as dimensões da vida social, seja pela atenção ao assunto como tema transversal, seja como a consolidação de um espaço legítimo da sociedade no usufruto de experiências de lazer.

Ainda que as práticas corporais na natureza estejam revestidas dos discursos que enfocam a integração do homem ao meio, elas também estão envolvidas em uma lógica de subordinação da natureza ao homem. Essa leitura, de certa forma equivocada, compromete a natureza, pela depredação no uso dos espaços, e também o indivíduo, pela exposição ao risco, além de outros fatores.

Por fim, destacamos a necessidade de assumir as experiências de lazer a partir do uso das TICs, cada vez mais presentes na vida de crianças, jovens, adultos e idosos. Isso suscita a necessidade de o profissional considerar na abordagem do lazer o uso dessas ferramentas em constante interação com a práticas corporais.

Atividades de autoavaliação

1. Existem diferentes perspectivas quanto ao objeto de estudo da educação física: movimento humano, cultura corporal do movimento e cultura corporal. Cada forma de olhar para o objeto traduz uma maneira de analisá-lo e interpretá-lo. Analise as sentenças a seguir e assinale a alternativa correta:

    a) Sob abordagens ligadas às ciências naturais, à pedagogia ou às ciências humanas, as práticas corporais são marcadas por finalidades divergentes, dentro ou fora da escola.
    b) As diferentes terminologias adotadas podem ser consideradas como expressões de sentidos semelhantes.
    c) Apesar da forma particular de descrever o objeto de estudo da educação física, não há mudança na abordagem político-filosófica desse objeto.
    d) As diferentes perspectivas estão ligadas aos princípios das ciências naturais, apesar de usarem terminologias distintas.
    e) As distintas abordagens do objeto de estudo da educação física analisam o sujeito sob a perspectiva pedagógica.

2. O esporte é uma das atividades de lazer em que o indivíduo despende mais tempo e energia, em relação às demais atividades. Contudo, Bramante (1999) faz um alerta sobre a monocultura do lazer. Levando em conta essa afirmação, analise as sentenças a seguir e assinale a que explica corretamente essa ideia:

a) Essa ideia está associada às diversas oportunidades de lazer que o indivíduo tem para desfrutar em seu tempo disponível.

b) Refere-se ao estímulo para que as pessoas possam se dedicar somente a uma característica de atividade de lazer, de modo que os indivíduos se tornem especialistas naquilo que praticam.

c) É uma crítica que o autor faz à oferta de uma determinada característica de atividade de lazer, inibindo-se a possibilidade de as pessoas desfrutarem de diversas oportunidades.

d) São programações de lazer especializadas em levar às pessoas a oportunidade de se desenvolverem no lazer, de forma mais profissional.

e) São características comuns às programações de lazer, cujos objetivos estão relacionados à ideia de desenvolvimento integral do sujeito.

3. A representação que as pessoas têm sobre a natureza é uma construção social que acompanha os valores de cada época. Essa interpretação ajuda a compreender a relação que o indivíduo estabelece quando busca desenvolver práticas corporais nesse ambiente. Assinale a alternativa que indica corretamente uma crítica em relação a esse aspecto:

a) Apesar de a interpretação do que vem a ser natureza ser o resultado de uma construção social, não há modificação na forma como o sujeito interage com as atividades de aventura nesse meio.

b) O indivíduo constrói uma visão de utilidade em relação à natureza, como se ele estivesse à parte, exterior a esse meio. Isso inibe o processo de integração entre o sujeito e o meio.

c) As práticas de aventura na natureza atendem às necessidades que as pessoas têm em estabelecer um maior contato com ambientes naturais.
d) As atividades de aventura na natureza são práticas que precisam ser estimuladas para todos os públicos, reforçando os valores construídos na sociedade.
e) Cada indivíduo atribui um sentido às próprias práticas de atividades de aventura na natureza, independentemente dos valores construídos pela sociedade.

4. As tecnologias de informação e comunicação (TICs) têm influenciado de maneira significativa os hábitos das pessoas, independentemente de sexo, classe social ou idade. As pessoas têm incorporado a seus momentos de lazer atividades ligadas ao emprego das TICs, como o uso de *games*, o acesso a redes sociais e a consulta a *sites*. Assinale a alternativa que apresenta a postura adequada que o profissional que atua na área da recreação e do lazer pode assumir:

a) O profissional precisa intensificar uma militância contrária às TICs em virtude dos aspectos negativos que elas trazem às pessoas.
b) As TICs são responsáveis pelo aumento do sedentarismo de crianças, jovens, adultos e idosos, e o profissional precisa combater o uso dessas tecnologias.
c) O profissional precisa compreender como as TICs interferem no lazer das pessoas, considerando os aspectos positivos e os negativos e procurando estabelecer um diálogo entre o uso da tecnologia e as práticas corporais.
d) O profissional deve considerar os aspectos positivos e incentivar as pessoas ao uso do tempo disponível com atividades de lazer que envolvam as TICs.
e) É importante tornar acessível às pessoas atividades de lazer que contribuam para que possam interagir virtualmente, deixando em segundo plano as atividades corporais.

5. As práticas recreativas na escola devem ser estimuladas, em suas diferentes possibilidades, seja no recreio, seja nos eventos curriculares, seja em outros momentos em que a escola recebe a comunidade nos fins de semana e feriados para participarem de programações de recreação e lazer. Considerando esse pensamento, assinale a alternativa correta:

   a) A escola constitui-se em um local de aprendizagem e convivência comunitária e pode consolidar-se como um espaço de educação para e pelo lazer.
   b) A recreação e o lazer, considerados como uma disciplina curricular, precisam ser contemplados no planejamento da equipe pedagógica com variadas programações para o divertimento dos alunos.
   c) A recreação e o lazer não têm relação com o ambiente escolar, sendo isso uma atribuição de outros espaços, como clubes, academias, parques e praças.
   d) A efetiva consolidação da recreação e do lazer na escola ocorrerá com a obrigatoriedade determinada pelas equipes pedagógicas para que as crianças e seus familiares participem das atividades.
   e) É um equívoco considerar que a escola possa se constituir em um espaço de recreação e lazer.

Atividades de aprendizagem

Questões para reflexão

1. Procure um lugar que disponibilize às pessoas o contato com a natureza durante seu lazer. Pode ser um parque, uma praça, um clube, uma reserva, um recanto ou outro lugar qualquer. Permaneça nesse local por algumas horas e identifique as diversas práticas usufruídas pelas pessoas. Tome o cuidado também de analisar a forma como as pessoas se relacionam com esse meio. Com base em sua observação, redija um texto que contemple as temáticas examinadas neste capítulo.

2. Investigue as escolas (públicas ou privadas) próximas de sua residência e identifique se elas apresentam à comunidade do entorno programas de lazer nos feriados, nos fins de semana ou nas férias.

Atividade aplicada: prática

1. Organize um "inventário" de atividades de lazer que tenham como predominância a prática corporal. Para isso, elabore uma planilha em que cada coluna represente um tipo de atividade e liste as atividades que se enquadram em tal classificação. Por exemplo: uma coluna pode ser nomeada como *Atividades de aventura*, na qual podem ser listadas atividades como escalada, rapel, boia *cross* etc. O objetivo deste exercício é classificar os diferentes tipos de atividades. Comece sua pesquisa com base em seu próprio repertório; depois, pesquise na internet e consulte seus amigos e familiares.

Capítulo 4

O lúdico e o lazer: jogos, brincadeiras e festas

Gisele Maria Schwartz

O ser humano é dotado da capacidade de se divertir e de vivenciar experiências prazerosas. Entretanto, nem sempre esse comportamento é valorizado na sociedade. Assim, muitas vezes, é preciso que ele seja incentivado, de modo que se reconheça a importância do lúdico para a qualidade de vida.

No contexto da formação em Educação Física, o profissional recebe diversos conteúdos para facilitar o processo de incentivo à expressão do comportamento lúdico. Desse modo, é importante que esse profissional consiga apreender esse universo relacionado às atividades lúdicas, para que contribua para a construção de estilos de vida ativos e saudáveis.

Vejamos, a seguir, quais objetivos buscaremos alcançar neste capítulo, no âmbito do domínio cognitivo:

- Compreender o comportamento lúdico e suas manifestações no lazer, na sociedade e com o público idoso.
- Identificar diferentes formas de manifestações populares da cultura brasileira, por meio de jogos, brincadeiras e festas.
- Identificar as possibilidades de atuação no contexto do lazer, para atender às especificidades do público idoso.

4.1 Comportamento lúdico

Para iniciarmos a discussão sobre o comportamento lúdico, devemos refletir sobre algumas questões:

- Como a sociedade encara a presença do elemento lúdico nos diversos contextos?
- O comportamento lúdico é aprendido ao longo da vida ou é natural da espécie humana?
- Qual é a necessidade de expressar o comportamento lúdico?
- Será que a expressão do comportamento lúdico ocorre de forma diferente nas diversas fases do desenvolvimento humano?

4.1.1 Conceituando o comportamento lúdico

Quando o assunto é o comportamento lúdico e sua aceitação pela sociedade, entram em cena diversas inquietações, como as que mencionamos. Vamos começar abordando algo muito importante, o conceito de comportamento lúdico, para que seja mais fácil compreender seus valores e seu papel na sociedade.

> **Importante**
>
> Quando se fala em *comportamento lúdico*, é preciso esclarecer o sentido de dois termos:
>
> - O **comportamento** é entendido aqui como formas de manifestação ou expressão, as quais são próprias de cada indivíduo, ainda que haja a possibilidade de essas condutas serem delineadas e aprendidas na cultura em que se vive.
> - O **lúdico** é um elemento ligado ao divertimento, sendo manifestado de diferentes formas, como no jogo, na arte ou na brincadeira.

O comportamento lúdico tem sido estudado sob diferentes enfoques em diversas áreas da ciência, como a etologia, ciência que estuda o comportamento animal e explica que o comportamento lúdico é natural da espécie humana (Eibl-Eibesfeldt, 2017). A neurobiologia focaliza a existência de certos circuitos neurais que, quando ativados, desencadeiam o que se chama *comportamento lúdico*. Um dos desafios desse ramo da ciência é identificar como essas unidades neurais individuais são combinadas e que tipos de estímulos as deflagram.

No campo da psicologia, o comportamento lúdico tem sido analisado sob várias perspectivas. Proyer (2018), por exemplo, baseou seus estudos nas aproximações entre o comportamento lúdico e o humor, contribuindo para ampliar o conhecimento acerca da interface entre os dois aspectos.

No âmbito da motricidade humana, o estudo de Schwartz (2004a) sobre atitude e conduta lúdicas ressalta que a atitude lúdica é relativa à aceitação ou predisposição para buscar o envolvimento com atividades que promovam a vivência do prazer. Essa predisposição para valorizar o lúdico pode desencadear a conduta lúdica ou o comportamento lúdico, gerando a participação efetiva em atividades prazerosas e significativas. Todos esses enfoques continuam contribuindo para a compreensão sobre o comportamento lúdico e suas interfaces.

4.1.2 Comportamento lúdico e sociedade

A sociedade apresenta receptividade em relação à expressão do comportamento lúdico? Essa indagação leva a instigantes reflexões. Desde sempre, a valorização social dada ao trabalho resulta em uma desvalorização de tudo o que se relaciona ao âmbito do não trabalho ou, mais particularmente, ao que se associa ao contexto do lazer, às esferas do brincar e à expressão lúdica. Esses elementos, geralmente, são considerados como geradores de descompromisso, de falta de obrigação e de não seriedade, deixando desvalorizado tudo o que está associado ao lúdico.

Esse descompasso cria desconforto, podendo gerar, inclusive, estresse e violência. Assim, para superar esse furto do lúdico, como uma forma de resistência a isso (Marcellino, 1990; Bramante, 1998; Pimentel; Pimentel, 2009), o ser humano começa a criar tempos, espaços e oportunidades para viver aquilo que é natural da espécie, que é exercer a conduta lúdica. Criam-se, portanto, o tempo dos fins de semana e das férias, o espaço do recreio e as diversas atividades capazes de oferecer oportunidade de vivências lúdicas. Tudo isso é importante porque mostra a necessidade de encontrar caminhos nos quais o ser humano possa exercer espontaneamente seu desejo de se divertir e se entreter.

Mas será que é só nesses espaços e tempos exclusivos que o ser humano pode expressar sua conduta lúdica?

Certamente, essa setorização do tempo, do espaço e até mesmo da faixa etária (infância), mais propícia para as vivências lúdicas, ainda representa um entrave a ser vencido, já que, ao longo de todo o processo vital, há a necessidade de aceitar o lúdico como um comportamento humano natural, o qual deve permear todas as esferas da vida humana.

O lúdico representa a possibilidade de vivência de uma experiência revolucionária ou com uma função subversiva, de contracultura. Essa visão sobre o lúdico o associa à possibilidade de ceder a estímulos para o afastamento temporário da realidade, promovendo certa resistência à imposição de regras que o confinem a tempos, espaços e idades definidos, impedindo sua expressão natural (Marcellino, 1990; Gomes, 2004; Pimentel; Pimentel, 2009).

O comportamento lúdico se materializa nos diferentes modos de brincar, jogar e se divertir. Gomes (2004, p. 145) entende o lúdico como uma forma utilizada pelo ser humano para expressar os significados da cultura, refletindo "as tradições, os valores, os costumes e as contradições presentes em nossa sociedade". Logo, para a autora, o lúdico é "construído culturalmente e cerceado por vários fatores: normas políticas e sociais, princípios morais, regras educacionais, condições concretas de existência".

Em síntese, o comportamento lúdico, expresso pelo brincar de diferentes formas, em contextos diversos, representa uma necessidade humana relativizada pela cultura e pelos valores que permeiam cada sociedade.

4.1.3 Funções do brincar

O comportamento de brincar pode assumir diversas funções. Todas evidenciam a base no lúdico como estratégia para a melhoria de algum componente. Entre as inúmeras funções do brincar, podemos destacar as descritas a seguir:

- **Função terapêutica**: está associada à finalidade de diminuir o sofrimento envolvido em situações dolorosas ou traumáticas. Como exemplo, podemos citar a criança hospitalizada. Ainda que esteja em recinto de recuperação de saúde, ela não deixa de ser criança e de ter interesses, expectativas e uma ansiedade própria dessa fase do desenvolvimento, fatores que podem ser atendidos pelas vivências lúdicas adaptadas a esse contexto.
- **Função socializadora**: permite que o indivíduo se coloque na perspectiva de outros, compreendendo e respeitando melhor as diferenças e promovendo o aprendizado e a assimilação das regras sociais com mais facilidade. Além disso, representa um fator de melhoria na comunicação, por instigar novos contatos. Como exemplo, podemos mencionar a estratégia lúdica de acolhimento a crianças com capacidade de audição reduzida, por poderem ser incluídas na brincadeira de modo menos traumático.
- **Função pedagógica**: representa uma importante estratégia para o desenvolvimento geral, uma vez que, ao brincar, é possível apreender todos os elementos da cultura. Além disso, por intermédio da utilização de propostas lúdicas aliadas à educação, podem-se estimular respostas criativas mais facilmente. Como exemplo dessa estratégia no contexto escolar, podemos citar o brinquedo educativo, produzido especificamente para ampliar as perspectivas de aprendizado.

Sob a ótica da etologia (ciência que estuda o comportamento animal), Spinka, Newberry e Bekoff (2001) propõem que o brincar também apresenta uma função adaptativa, sendo útil no treinamento e na preparação para alguma ocorrência inesperada, tanto do ponto de vista emocional como dos pontos de vista psíquico e motor. Nessa perspectiva, as estratégias lúdicas permitem uma simulação ou ensaio do comportamento parecido ao que pode ser utilizado em uma situação inesperada, como no caso de ter de fugir de uma situação de perigo, ou mesmo em algum tipo de interação importante (Yamamoto; Almeida, 2002). Assim, os indivíduos têm motivação intrínseca para brincar, sobretudo, para se tornarem mais competentes, tendo em vista essa possibilidade de que o comportamento lúdico traz vantagens adaptativas.

Entretanto, deve-se atentar para o caso de o lúdico estar associado a alguma função além da possibilidade de vivenciar espontaneamente o prazer de se divertir. Ao ser utilizado como recurso ou estratégia nessas diferentes vertentes ou funções, deve-se assegurar que sejam mantidas suas características peculiares e primárias (espontaneidade, entretenimento, diversão, entre outras), para que ele não perca sua essência.

Algumas crianças apresentam condutas específicas, em face de estímulos lúdicos diversificados, durante o ato de brincar. Existem crianças que, simplesmente, se recusam a participar da brincadeira, muitas vezes por terem insegurança ou baixa autoestima. Ficam isoladas e sem interagir diretamente com o restante dos colegas, para não se exporem, permanecendo em uma postura mais observadora e apresentando ansiedade se colocadas em foco.

Outras crianças preferem brincar de forma solitária, sendo muito seletivas caso haja algum colega por perto, o que pode ser decorrente de distúrbio de fundo emocional. Há também aquelas crianças que brincam ao lado de outras crianças, porém sozinhas, com pouquíssima interação. Ainda, pode haver crianças que brincam sem um objetivo claro e outras que se unem de forma cooperativa, com um objetivo específico.

> **Importante!**

Todos esses tipos de crianças envolvidas com o brincar merecem a atenção do professor. Para tanto, ele deve apresentar formas de criação de vínculo com os alunos, observando a conduta deles para compreender suas limitações. Sempre deve agir de modo agradável, convidando as crianças mais tímidas para participar da atividade, de modo que se sintam parte do grupo.

4.1.4 Como proceder?

A promoção da integração entre as crianças e a utilização de uma linguagem encorajadora podem representar estratégias fundamentais para a confiança dos alunos. As propostas de atividades em duplas podem reforçar essas perspectivas, criando vínculos importantes e contribuindo para minimizar as diferenças. Sempre que houver a identificação de um possível problema (emocional, motor, cognitivo ou de relacionamento), o professor deve alertar os coordenadores e os pais para que o aluno seja devidamente atendido.

Para incentivar a participação, o professor deve propor tarefas ativas, atrativas e criativas, adotando uma postura dinâmica, fazendo com que os alunos se sintam motivados a participar. Para tanto, há a necessidade de utilização de recursos didáticos bem atualizados e estratégias variadas. No aspecto da educação de valores, o professor deve sempre elogiar os alunos, quando estes esboçarem um comportamento adequado e esforçado, mas também mostrar as consequências da adoção de condutas inadequadas.

Algumas vezes, existe a necessidade de lidar com crianças dispersivas e agitadas. Quando isso acontece, é preciso ter clareza quanto aos objetivos e ao estabelecimento das regras de comportamento na aula. Também é necessário dar retorno constante durante a realização de alguma tarefa e solicitar que o aluno repita as informações transmitidas. Quando o aluno sai da regra, é interessante solicitar que ele faça uma autoavaliação de sua conduta, comparando-a à avaliação feita pelo professor. Sempre que as metas são estabelecidas em conjunto e existe uma avaliação clara e pontual, o aluno fica mais motivado.

No caso de haver pessoas com deficiência na turma, primeiramente, é importante que o professor fale com todos os alunos da classe sobre aquela deficiência e as necessidades próprias daquele aluno. Com relação ao aluno com deficiência, o professor deve tratá-lo com atenção, porém sem apresentar uma diferença de sua conduta em relação aos outros alunos. Ele deve elogiar as habilidades, mas também chamar a atenção, como faria com qualquer outro aluno, quando não se cumpre alguma das regras estabelecidas. O professor deve sempre estimular as iniciativas de inclusão propostas pelos alunos e favorecer que se criem sempre novas oportunidades para que isso ocorra.

Essas são possibilidades muito comuns no cotidiano de um professor, por isso alguns desafios devem ser superados para se atingir a valorização do lúdico no contexto escolar. Assim, é essencial:

- ampliar a oferta de vivências lúdicas e prestigiar as iniciativas nesse sentido;
- sensibilizar os pais sobre a importância do comportamento lúdico;
- aprimorar a habilidade dos professores para lidar com o comportamento lúdico;
- ampliar a visão limitada de educação, superando a simples transmissão de conhecimentos e favorecendo a educação significativa.

Nos cursos de formação em Educação Física, também são aspectos importantes para dinamizar a valorização do lúdico:

- ampliar o compromisso social dos profissionais envolvidos;
- prestigiar experiências pessoais exitosas;
- inserir disciplinas voltadas para subsidiar a atuação profissional com a esfera do lúdico;
- ampliar a visão sobre o potencial educacional.

O profissional de educação física dispõe de um espaço adequado, em suas aulas, para o desenvolvimento de novos valores associados ao lúdico. Esse profissional pode contribuir para a ressignificação de atitudes e condutas, por intermédio de intervenções multifocais voltadas ao lúdico e ao brincar. Para tanto, precisa estar preparado adequadamente e ser competente para dar início ao processo de mudança, começando por ele próprio. Além disso, pode alterar e recriar possibilidades educativas que superem a repetição mecânica de um rol de atividades e valorizem a crítica, a criatividade e a sensibilidade.

Para refletir

Temos certeza de que o conteúdo abordado até aqui trouxe muitas informações importantes sobre o comportamento lúdico. Assim, releia o texto e destaque três pontos que considerou mais interessantes. As referências citadas podem auxiliar em suas reflexões.

4.2 Comportamento lúdico e fases do desenvolvimento humano

Para compreender a adequação das atividades lúdicas às faixas etárias, é preciso investir atenção nas expectativas e possibilidades relacionadas às diferentes fases do desenvolvimento humano. Apesar de o comportamento lúdico estar presente em todas as fases, cada uma delas guarda especificidades em termos de interesses e níveis de habilidades a serem estimuladas (Oliveira; Carvalho; Rodrigues, 2017). As principais características de cada fase e a adequação de estímulos lúdicos a cada uma delas serão apresentadas, de forma sintetizada, a seguir.

4.2.1 Fase da infância

O Estatuto da Criança e do Adolescente (ECA), no art. 2º da Lei n. 8.069, de 13 de julho de 1990 (Brasil, 1990), considera como criança as pessoas com até 12 anos de idade incompletos.

> *Art. 2º Considera-se criança, para os efeitos desta Lei, a pessoa até doze anos de idade incompletos, e adolescente aquela entre doze e dezoito anos de idade.*
>
> *Parágrafo único. Nos casos expressos em lei, aplica-se excepcionalmente este Estatuto às pessoas entre dezoito e vinte e um anos de idade.*
>
> (Brasil, 1990)

A seguir, vejamos quais são as características do desenvolvimento humano nessa fase.

Fase de 0 a 2 anos

A criança apresenta bastante vivacidade e curiosidade, buscando compreender o mundo e aprender por exploração e imitação. A percepção é aguçada, reagindo a todos os estímulos, principalmente os táteis, que envolvem a boca e as mãos. As habilidades motoras vão sendo consolidadas, e a linguagem começa a exercer um papel importante para que a criança seja efetivamente inserida nos diversos contextos. Como todas as ações vão sendo conhecidas, esse é um período de grande importância para o aparato sensório-motor, a cognição e os aspectos ligados ao contexto psicossocial, por meio de novos relacionamentos e o início do reconhecimento de si próprio. Suas ações exigem a supervisão de adultos, para manter a segurança.

Adequação de atividades lúdicas:

- Na fase da infância, o brincar é a atividade considerada principal, devendo ser desenvolvida a estimulação tátil, por meio da manipulação de objetos grandes, para facilitar o manuseio.
- O desenvolvimento da coordenação motora é importante, e algumas brincadeiras podem ser bastante adequadas, como as de esconder (diversos tipos de esconde-esconde, usando-se objetos ou apenas o corpo).
- As brincadeiras cantadas e de percussão com instrumentos musicais (construídos pelas próprias crianças, de forma artesanal, ou industrializados), as atividades rítmicas e expressivas (danças, expressão corporal, mímica

de animais, pequenas dramatizações) e a contação de histórias (crianças gostam de ouvir diversas vezes a mesma história) são importantes.
- A exploração de materiais alternativos e recicláveis também se adéqua a essa fase. Podem ser criados brinquedos com caixas grandes e pequenas de papelão, blocos de espuma coloridos, tecidos ou outros tipos de embalagens limpas, para as brincadeiras de encaixe, de esconder ou de explorar a movimentação dentro de tecidos apropriados para virarem túneis.
- É importante explorar as brincadeiras, de modo a que a criança possa experimentar sozinha, com outras crianças e com adultos.
- Brincadeiras como as de espelho, em que uma criança segue a outra, ou nomeia as partes do corpo da outra, são estimulantes e importantes para a percepção corporal.

Importante!

A ação do profissional deve sempre levar em consideração a opinião da criança, seja para escolher a brincadeira, seja para elaborar um brinquedo com algum material. É preciso cuidado nas brincadeiras para não evidenciar diferenças entre gêneros e habilidades pessoais ou ainda em relação às formas de afeto para com as crianças. A interação com os objetos, com os espaços, com os equipamentos e com as pessoas deve ocorrer com o corpo todo, não apenas por meio da manipulação de objetos, para exercitar as reações e os reflexos.

Fase de 3 a 6 anos

O desenvolvimento da linguagem possibilita a ampliação das relações da criança e fortalece vínculos. No aspecto psicológico, é comum o egocentrismo, uma vez que a criança ainda não é capaz de se colocar concretamente na perspectiva do outro. As capacidades simbólica e de representação, por meio dos brinquedos de faz de conta, já são mais aprimoradas. Existe o fortalecimento do domínio cognitivo. Em âmbito motor, a criança apresenta melhoria das habilidades coordenativas e das habilidades motoras em geral, tendo condições de combinar movimentos fundamentais (correr, saltar, rebater, arremessar, chutar etc.).

Adequação de atividades lúdicas:

- A possibilidade de vivenciar brincadeiras e jogos com regras simples, mas que estabelecem limites, auxilia na incorporação de valores como compartilhar, aguardar sua vez e auxiliar os companheiros. Portanto, esses recursos devem ser estimulados.
- Entre as possibilidades de brincadeiras, podem ser citadas como exemplo as brincadeiras regionais populares, como amarelinha, telefone sem fio, estátua, pião, corda e queimada.
- As brincadeiras de roda e cantadas com movimentos ajudam a refinar os processos rítmicos, expressivos e coordenativos, como as parlendas (uni-duni-tê), o corre-cotia, escravos de Jó, batata quente, mímica e movimento dos polegares, cirandas.
- As brincadeiras de faz de conta favorecem a imaginação e estimulam a criatividade.
- As dramatizações e as mímicas também são importantes e, como exemplo, podem ser citados os pegadores imitando animais e a utilização de sons (siga o mestre), em que uma criança lidera o grupo executando um movimento, o qual

deve ser imitado pelas outras. Há também jogos da memória com o corpo, em que cada dupla representa a mesma coisa (objeto ou animal) e as crianças devem descobrir esses pares, espalhados pelo espaço.

- As atividades com corridas são essenciais para o desenvolvimento geral, como o salve-se com um abraço, o pegador de rabinho, o nunca três, o noite e dia.
- Os materiais a serem utilizados são diversos, devendo-se atentar para a segurança.
- As atividades com cordas são bastante adequadas, como saltar por cima ou passar por baixo de uma corda estendida, pular corda de diversas maneiras ou passar por uma teia de cordas sem tocá-las.
- Entre as atividades manipulativas com material, pode ser propiciada a criação de brinquedos com objetivos reciclados.
- No campo das atividades artísticas, podem ser feitas dobraduras, pinturas no corpo (especialmente rosto, mãos e pés), maquetes de locais conhecidos e releituras de quadros famosos.
- Também é decisivo o estímulo à educação ambiental, por meio de jogos e brincadeiras que evidenciem os valores pró-ambientais, como aprender o descarte correto de lixo.

O profissional deve estar atento para impedir processos de violência ocorridos entre as crianças, sabendo lidar com parcimônia para que a situação não perdure e não se crie um ambiente propício para o surgimento de ações de *bullying* já nessa fase. A grande energia que as crianças dessa fase apresentam deve ser utilizada para a adoção de hábitos saudáveis e preventivos, levando-se em conta desde a higiene pessoal como outros hábitos relacionados com as posturas de respeito à vez do outro, ao falar e ao brincar. O profissional deve demonstrar atenção e estar sempre disposto a intermediar as ações, quando necessário.

Fase de 7 a 11 anos

Trata-se de um período importante para o desenvolvimento do raciocínio lógico, em que as tarefas coletivas ganham um significado especial. Essa fase também é demarcada pela continuidade dos processos de crescimento e desenvolvimento, mas com alterações nos julgamentos morais. A participação em grupos de mesmo gênero é comum. Existe boa motivação para as práticas, com a capacidade de cooperar, apesar de se acirrar, cada vez mais, a competitividade, pelo fato de as crianças começarem a ter os próprios valores nos julgamentos e de serem temperamentais ao externá-los. A criatividade e o imaginário estão em evidência.

Adequação de atividades lúdicas:

- Devem ser incentivadas as atividades que possam ampliar as perspectivas de ação da cultura corporal de movimento.
- As danças folclóricas regionais, entre elas as quadrilhas, o bumba meu boi, a catira e o cacuriá, podem ajudar a compreender não apenas essas manifestações, mas também os diferentes contextos culturais nos quais elas ocorrem.
- As danças circulares, as danças urbanas e as danças de salão podem ajudar a compreender a evolução cultural de diversas regiões do mundo e os movimentos a elas associados.
- As brincadeiras de roda e cantadas podem contemplar movimentos mais complexos, os quais necessitem de mais coordenação para sua execução.
- Entre os jogos que mais satisfazem as expectativas dessa fase estão aqueles em que há competição entre equipes (canibal, alerta, pique-bandeira, pegador de corrente). No entanto, mesmo que haja competição, devem ser estimulados os jogos de caráter cooperativo, por meio dos quais a equipe deve se unir para desenvolver determinada tarefa.

- As atividades de aventura são indicadas para essa fase, iniciando-se pela corrida de orientação (utilizando-se mapas ou circuitos predeterminados). Depois, podem ser usados equipamentos com roda (*skate*, patins), adaptando-se, posteriormente, a escalada e o *slackline*.
- As atividades circenses também podem fazer parte dos estímulos motores dessa fase, utilizando-se os malabares com diferentes objetos, a acrobacia, as pirâmides humanas, palhaços e mágicos, os quais são bastante atrativos.
- Outras possibilidades englobam os *webgames* com o corpo, os quais representam a adaptação de jogos do ambiente virtual para a prática em quadras.
- Entre as sugestões de adaptação de jogos estão o Pac-Man (pegador sobre as linhas), a batalha-naval e jogo da memória (no qual as pessoas são as peças e podem emitir sons representativos e fazer movimentos característicos).

O profissional de educação física, nessa fase, precisa estar atento às novidades que ocorrem na cultura em que ele vive, para implantar outras possibilidades em seu campo de ação. Enriquecer suas atividades com detalhes de filmes da época ou de outros estímulos culturais atuais pode representar um diferencial importante para motivar as práticas.

É fundamental buscar sempre a perspectiva cooperativa, mesmo em competições, para que esse valor seja assimilado, bem como procurar investir esforços na disseminação de valores de sustentabilidade e pró-ambientais. Como sugestão, a Secretaria Municipal de Educação do Estado de São Paulo elaborou o *Manual de brincadeiras* (São Paulo, 2006). Esse documento pode ser utilizado para inspirar novas ações dos profissionais, voltadas a oferecer atividades lúdicas no contexto escolar.

III Indicações culturais

As indicações a seguir auxiliam na ampliação do repertório de atividades para o trabalho com a infância, conforme a perspectiva apresentada neste capítulo. Os textos sugerem diversas atividades, enriquecendo a prática do profissional atuante nesse campo.

SCHWARTZ, G. M.; TAVARES, G. H. (Org.). **Webgames com o corpo**: vivenciando jogos virtuais no mundo real. São Paulo: Phorte, 2015.

Nessa obra, pode-se ter uma noção sobre as inúmeras formas de adaptação dos jogos virtuais para o contexto prático, utilizando-se o próprio corpo.

SILVA, T. A. C.; GONÇALVES, K. G. F. **Manual de lazer e recreação**: o mundo lúdico ao alcance de todos. São Paulo: Phorte, 2010.

Nesse livro, existem indicações de atividades que contemplam todas as faixas etárias. Esse conteúdo pode complementar o que foi tratado ao longo desta seção.

4.2.2 Fase da adolescência

Fase de 12 a 18 anos

Essa é a fase que demarca a transição da infância para a idade adulta. Em decorrência disso, diversos níveis do viver são afetados e alterados. A pessoa começa a adquirir competências e assumir certas características, que a acompanharão por toda a vida adulta, assumindo deveres e papéis sociais, os quais exigem transformações nos níveis psíquico, social, afetivo e motor. Para tanto, é preciso afirmação social.

Nessa fase, observa-se o aprimoramento do raciocínio lógico e abstrato. Ainda se carrega muito dos sonhos e ilusões da infância, mas, com o apoio do grupo, as atividades ocorrem com mais vontade. O adolescente gosta de contar vantagens, apoiado na aceitação do grupo, e procura se distanciar dos adultos que representam autoridade. O profissional de educação física tem possibilidade de atuar com essa fase tanto no âmbito formal da educação como no contexto do lazer, fora da escola, em clubes, acampamentos, hotéis, navios e academias.

Adequação de atividades lúdicas:

- As danças podem ser um recurso importante para motivar as pessoas nessa fase, sobretudo se forem voltadas aos apelos atuais. Portanto, desde as danças folclóricas até as urbanas e as que estão na mídia podem ser inseridas, porém devem sempre ser apresentadas reflexões sobre os movimentos que elas representam, aguçando-se o senso crítico e ampliando-se o conhecimento geral.
- As danças tradicionais podem ajudar a compreender as identidades e tradições de determinado grupo social, podendo ser apresentadas conforme as regiões do próprio país ou de outros países, como no caso do samba, do maracatu, da quadrilha, do tambor de crioula, entre outros.
- As danças urbanas podem auxiliar na compreensão do contexto da expressão social de determinado local, como a dança de salão em épocas passadas e o *hip hop*, mais recentemente.
- Entre outras atividades atrativas para essa fase, podem ser citados a caminhada, as gincanas, os jogos cooperativos, os esportes, as dramatizações, as atividades expressivas e as atividades de aventura (orientação, equipamentos com roda e outras atividades devidamente adaptadas com segurança para o ambiente escolar ou outros espaços).
- Um dos maiores atrativos nessa fase é a possibilidade de utilizar recursos tecnológicos e o ambiente virtual para as atividades. Assim, os *webgames* com o corpo e os *exergames* podem ser desenvolvidos, conforme as condições do local.

O profissional deve atentar para a oportunidade de contextualizar e considerar as reflexões sobre as letras das músicas da atualidade e o papel da mulher na sociedade, ampliando o senso crítico dos alunos. A utilização de tecnologias é muito importante, haja vista que reflete o interesse da atualidade.

Contudo, o professor deve fazer os alunos compreenderem qual é a melhor forma de apreensão desses recursos, de modo crítico e criativo. As realidades dos adolescentes podem ser diferenciadas, porém, o profissional deve saber lidar com essas diferenças, apresentando oportunidades de crescimento a todos. Outro ponto a ser considerado é a promoção da coparticipação dos alunos nas decisões sobre as atividades e sobre as adaptações das regras, para dar voz às formas de expressão pessoal e ampliar o fomento à criatividade.

Nessa fase, o profissional também deve promover reflexões sobre sexualidade, diferenças de gênero e outros assuntos de interesse (drogas, gravidez na adolescência, álcool, abusos, *bullying*, tráfico, furtos, vícios em jogos, prevenção de comportamentos de risco e controle dos impulsos violentos). A queda no desempenho escolar, a dificuldade de atenção e aprendizado, bem como as ausências das aulas e outros sinais de alteração de comportamento, podem ser indicadores de problemas a serem imediatamente resolvidos, por meio de ações diretas.

Indicações culturais

As indicações a seguir podem complementar as reflexões propostas até o momento.

ROMERA, L. A. **Juventude, lazer e uso abusivo de álcool**. 137 f. Tese (Doutorado em Educação Física) – Universidade Estadual de Campinas, Campinas, 2008.

O texto de Liana Romera ajuda a refletir sobre as alterações de comportamento provocadas pelo uso de álcool e como isso impacta o lazer dos jovens. Serve de alerta para que o profissional possa identificar qualquer sinal indicador de problema.

SILVA, T. A. C.; PINES JUNIOR, A. R. (Org.). **Lazer e recreação**: conceitos e práticas culturais. Rio de Janeiro: Wak, 2018.

Esse livro aborda os principais conceitos atribuídos aos termos *lazer* e *recreação*, complementando o conteúdo estudado.

OLIVEIRA, L. A. P. et al. **Jogos e brincadeiras na escola**: nada mais sério para a aparendizagem. Curitiba: CRV, 2016. v. 18.

A brincadeira é levada bem a sério nessa obra, em que os autores discutem a melhor forma de inserir esse conteúdo no contexto escolar. Esse direcionamento pode auxiliar o profissional em sua ação.

4.2.3 Fase de adultos

A fase que abrange os indivíduos adultos, dos 18 aos 59 anos, é bastante diversificada em termos de interesses, condições psicofísicas e habilidades. Portanto, para possibilitar que se compreendam melhor as características da vida adulta, essa etapa será dividida em dois segmentos: dos 18 aos 40 anos e dos 41 aos 59 anos.

Na primeira etapa, dos 18 aos 40 anos, o desenvolvimento e as condições de saúde geral atingem o auge, havendo a relativa definição dos traços de personalidade, ainda que possam ocorrer alterações nos valores e o prolongamento de algumas características da fase da adolescência. A possível escolha do estilo de vida depende das experiências vividas até então e dos estímulos recebidos no grupo de convivência. Há uma tendência de autossustento, união estável, delineamento profissional e constituição familiar. Há interesses voltados para o senso de comunidade e a convivência em grupos semelhantes.

Na segunda etapa, dos 41 aos 59 anos, já se pronunciam algumas alterações significativas, as quais podem atingir, tanto o contexto do trabalho como o da família, em que se notam alguns casamentos desfeitos, a saída dos filhos da casa, o aumento da preocupação com as questões envolvendo a estética corporal, a saúde, os relacionamentos e a qualidade de vida.

Começa a ser mais evidenciado um declínio paulatino nas condições físicas e no vigor, porém todos esses aspectos diferem em tipo de ocorrência, em tempo de manifestação e nas consequências acarretadas. Os níveis de estresse são elevados, associados à preocupação com os filhos e com os pais, duplicando-se as responsabilidades em diversos setores.

Adequação de atividades lúdicas:

- Em ambas as etapas da vida adulta, há um interesse pelas atividades desenvolvidas em academias e com *personal trainers*, devendo-se incentivar o condicionamento físico geral e a prática de alguns tipos de esporte, conforme o interesse de cada indivíduo.
- O aumento do lazer passivo, envolvendo atividades televisivas, internet e *videogames*, pode trazer consequências, como sedentarismo; contudo, alguns tipos de jogos eletrônicos, como os *exergames*, permitem que a pessoa se exercite ao mesmo tempo que joga *videogame*, o que pode representar uma estratégia interessante.
- Pelo interesse em atividades em grupo, a participação nos clubes esportivos pode ser incentivada.
- A utilização de jogos de raciocínio lógico, como xadrez, palavras cruzadas e *sudoku*, atende às expectativas de algumas pessoas nessa fase.
- A busca por qualidade de vida e de estilo saudável pode representar um motivo para estimular os adultos a se envolverem com atividades de aventura, geralmente associadas a viagens turísticas.

A variedade de opções nesse segmento etário é intensa, dependendo das condições de cada indivíduo. O profissional atuante com essa fase do desenvolvimento deve adotar uma linguagem atrativa e estimulante, apresentando uma cultura geral durante as conversas, sobretudo no caso de atuar como *personal trainer*. Fazer a diferença para que uma pessoa deixe de ser sedentária e pratique atividade física regular consiste em um dos grandes desafios profissionais. Para tanto, a criatividade, o comprometimento, a atualidade e o conhecimento são aspectos essenciais.

ııı Indicações culturais

A seguir, indicamos alguns textos que tratam de forma interessante e complementam o que foi visto até o momento.

MARCELLINO, N. C. (Org.). **Lazer e recreação**: repertório de atividades por fases da vida. Campinas: Papirus, 2006.

Nesse repertório, o autor procura ajudar o leitor a integrar o conteúdo lúdico nas diferentes faixas etárias. Essa indicação complementa o que foi exposto neste capítulo.

TREVISAN, P. R. T. C. et al. **Atividades rítmicas e expressivas**: no ritmo do cotidiano escolar. Curitiba: CRV, 2016. v. 8.

Essa obra sobre as atividades rítmicas e expressivas pode ajudar o professor a criar novas formas de facilitar a autoexpressão do aluno, buscando recursos para que todos possam participar. Esse enfoque enriquece os conteúdos abordados no capítulo.

4.2.4 Fase de idosos

A fase que abrange os idosos se inicia aos 60 anos, com inúmeras alterações significativas. Existe a chegada da aposentadoria, a qual representa uma etapa marcante pela saída do trabalho e pelo maior tempo livre. Entre as características do desenvolvimento, há alterações nos sistemas motor e fisiológico, podendo afetar o desempenho geral.

Esse é um período em que podem ocorrer diversas alterações nas habilidades cognitivas e afetivas, o que interfere nas formas de reação aos estímulos do meio. Não é raro que os idosos apresentem baixa autoestima e sintomas de depressão, decorrentes da perda do papel social envolvendo o trabalho e do possível distanciamento ou perda de familiares.

No âmbito motor, há uma desaceleração no tempo de reação e a utilização de estratégias cognitivas diferentes ao realizar tarefas. Entretanto, essas alterações não ocorrem com todos ao mesmo tempo, devendo-se atentar às potencialidades de cada indivíduo, uma vez que a genética, o estilo de vida, a qualidade do sono e da alimentação, o comportamento ativo ou sedentário e as vivências no lazer são fatores que podem influenciar de forma significativa no vigor da pessoa idosa. Há uma preocupação, em muitos casos, com os fatores de risco envolvendo tabagismo, consumo de álcool e drogas, inatividade e prática de sexo sem proteção, aumentando o risco de doenças.

O aumento da sobrevida e a maior disponibilidade de tempo livre trazem desafios importantes a serem considerados, pois alteram a rotina e devem ser pensados para serem vivenciados proativamente e com qualidade, de modo a não incidirem sobre a motivação para a vida. A inteligência e a memória podem ser afetadas, mas pode haver compensações para minimizar o declínio dessas faculdades. Buscar significado para a vida é uma das características dessa fase.

Adequação de atividades lúdicas:

- Entre as possibilidades de vivências adequadas a essa fase do desenvolvimento, encontram-se os esportes adaptados, os jogos individuais e em grupo, tradicionais e de outros tipos, as diferentes formas de arte, a atividade física geral, as danças e todas as atividades que possam ser vivenciadas conforme as condições dos indivíduos.

- As atividades devem propiciar o relacionamento e com os demais participantes, promovendo a cooperação e a socialização.
- Abrir espaços para a expressão espontânea por meio das diversas formas de arte e dança, sobretudo danças de salão e danças circulares, também é importante, e atividades de mímica podem auxiliar na exploração de detalhes do próprio corpo e do outro.
- Os jogos de representação podem ajudar na estimulação da memória, na incorporação de conhecimentos e na ampliação da percepção, o que os torna uma estratégia privilegiada nessa fase.
- São muito adequadas as ofertas de passeios, gincanas e festivais intergeracionais, em que o idoso tem a oportunidade de vivenciar atividades juntamente com pessoas mais jovens.
- Se houver interesse, o profissional pode treinar equipes esportivas para a participação em campeonatos regionais de idosos, jogos nacionais ou mundiais máster, considerando-se as exigências de cada tipo de competição e as condições de seus alunos.
- As atividades físicas devem ser coerentes com a faixa etária, podendo ocorrer em ambientes naturais, artificiais e, até mesmo, virtuais. As atividades de aventura, como boia *cross*, rapel, trilhas, orientação e tirolesas, podem ser praticadas mediante a adequação do esforço às condições gerais do praticante.

O profissional pode atuar com essa fase de idade em centros de vivência, clubes ou grupos de terceira idade, acampamentos específicos, hotéis, eventos religiosos, instituições asilares de longa permanência, academias e centros de recreação. Porém, é necessário que o ambiente seja preparado adequadamente para o fluxo dessa população e que as atividades vivenciadas possam produzir a sensação de prazer, promovendo a interação do idoso em seu grupo.

O profissional deve falar de forma clara e mais pausada, para que todos possam receber a informação. Deve estimular a participação e a inclusão de todos, fazendo adaptações de maneira criativa, aceitando sugestões do grupo e tendo o cuidado com a segurança e com os materiais adequados para as atividades.

É importante a preparação específica desse profissional para motivar e influenciar positivamente a adesão à prática. A oferta de atividades lúdicas, como jogos e brincadeiras, e de vivências expressivas e criativas pode favorecer a autoconfiança do idoso e contribuir para a autonomia e a adoção de um estilo de vida saudável e ativo.

Indicações culturais

Textos sobre lazer e recreação que tenham o idoso como foco não são muito comuns. As leituras a seguir podem complementar as reflexões já propostas.

SANTOS FILHO, A. A. J. Atividades recreativas e envelhecimento. In: SCHWARTZ, G. M (Org.). **Atividades recreativas**. Rio de Janeiro: Guanabara Koogan, 2004. p. 156-165.

São poucos os textos que sugerem atividades específicas para idosos. Assim, essa é mais uma contribuição para aumentar o repertório de atividades lúdicas para esse público, conforme salientado neste capítulo.

CARVALHO, N. C. **Dinâmicas para idosos**: 125 jogos e brincadeiras adaptados. 7. ed. Petrópolis: Vozes, 2011.

As dinâmicas para idosos procuram integrar diversas atividades que podem ajudar o professor a fazer adaptações de outras formas lúdicas, incentivando vivências prazerosas. Como vimos, isso é muito importante para essa fase do desenvovimento humano.

4.3 Brincadeiras e jogos como conteúdos no lazer

Por ser um fenômeno sociocultural complexo, o lazer abarca inúmeras possibilidades de vivências. No âmbito da perspectiva dos sete conteúdos culturais do lazer – físico-esportivo, manual, artístico, intelectual, social (Dumazedier, 1980), turístico (Camargo, 1998) e virtual (Schwartz, 2003) –, destacam-se os interesses voltados ao engajamento em atividades lúdicas e recreativas. Entre essas atividades, podem ser citadas as **brincadeiras** e os **jogos**, focos de atenção nesse segmento.

Ao se tomar como foco a brincadeira, percebe-se que seu significado envolve o ato de se entreter e se distrair, por meio de atividades variadas, com regras flexíveis, as quais podem implicar o uso de objetos específicos para seu desenvolvimento. São inúmeras as possibilidades de classificação das brincadeiras. Entre as formas mais conhecidas, vamos descrever alguns tipos, no sentido de auxiliar o profissional na tarefa de compor seu programa de atividades.

4.3.1 Brincadeiras

Neste tópico, apresentaremos alguns tipos específicos de brincadeiras, com o intuito de instrumentalizar o professor em sua ação pedagógica.

Brincadeiras de escolha

Esse tipo de brincadeira serve para selecionar quem vai iniciar um jogo ou para dividir os participantes em grupos, no início de alguma atividade. Portanto, pode ser aplicado antes de um jogo ou de alguma vivência.

A seguir, vejamos algumas formas de brincadeiras de escolha:

- **Pergunta e resposta**: existe um diálogo entre dois brincantes e desse diálogo surge um número ou uma resposta evidenciando uma cor ou algum detalhe que selecione alguém. Por exemplo, o condutor ou algum aluno fica no centro de uma roda e pergunta para alguma criança: "Quantos anos você tem?". Conforme a resposta, apontando para as crianças, ele passa a contar até o número citado; a criança correspondente ao número será o "pegador" na brincadeira que virá em seguida.
- **Alternativas**: as palavras pronunciadas levam a uma ou outra alternativa. Como exemplo, podemos citar a disputa em pares para decidir quem vai iniciar alguma atividade, o que pode ser por meio de "cara ou coroa", ou "par ou ímpar".
- **Onomatopaicas**: as palavras são pronunciadas sem que tenham um sentido próprio ou são emitidos sons sem que eles tenham, necessariamente, um significado. Por exemplo, o condutor ou algum aluno fica no centro de uma roda enquanto aponta para os alunos dispostos em círculo à sua volta pronunciando: "uni duni tê, salamê mínguê, um sorvete colorê, o escolhido foi você".
- **Em forma de versos**: pode haver rimas e métricas, com ou sem melodia. Por exemplo, o condutor ou algum aluno fica no centro de uma roda e vai recitando o verso enquanto aponta para os alunos dispostos em círculo à sua volta: "lá em cima do piano tem um copo de veneno, quem bebeu, morreu, ainda bem que não fui eu". A pessoa correspondente à palavra "eu" será aquela que vai iniciar a brincadeira, com um papel de destaque, como no caso do "pegador".

Brincadeiras de entrosamento

Esse tipo de brincadeira auxilia na interação do grupo porque pode promover o conhecimento de cada um dos membros participantes na atividade, devendo ser inserido logo no início da aula, principalmente quando os membros do grupo não se conhecem. Tais brincadeiras são também conhecidas como "quebra-gelo", justamente por promoverem um ambiente socializador e inclusivo, em que existe um processo de trocas afetivas, as quais ocorrem em situações lúdicas, sendo úteis em situações futuras. Elas também promovem a desinibição e o desbloqueio da expressividade, estimulando a adaptação aos outros.

O clima favorável ao desenvolvimento das atividades gera a aproximação entre as pessoas, facilitando todo o processo que vem a seguir. Trata-se de excelentes recursos para serem aplicados nos primeiros dias de aula ou com grupos de pessoas que não se conhecem. Contudo, para esse tipo de brincadeira, o profissional deve despender um tempo razoável, de modo a dar chance de os participantes se conhecerem, observarem detalhes e trocarem palavras, ideias e experiências (Cavallari; Zacharias, 2000).

Vejamos alguns exemplos de brincadeiras de entrosamento:

- Em círculo e de braços dados, um dos participantes deve dizer seu nome, e o seguinte, à sua direita, deve repetir o nome do anterior e falar o próprio nome; o próximo deve dizer os nomes dos dois anteriores e o seu, e assim sucessivamente, até que todos tenham sido citados.
- Dispostos aleatoriamente em uma sala, os participantes recebem uma bexiga e, antes de enchê-la, devem escrever seu nome em um pedaço de papel e colocá-lo dentro da bexiga. Depois de cada um encher sua bexiga e dar um nó para vedar a saída de ar, ela deve ser impulsionada aleatoriamente para cima pela sala, por todos os participantes, os quais vão rebatendo todas as bexigas, sem deixá-las cair.

A um sinal dado, todos pegam uma bexiga, estouram, retiram e leem o papel que estava dentro, procuram a pessoa com aquele nome e apresentam-se.

- As pessoas ficam se movimentando pela sala, ao som de uma música. Quando a música parar, todos devem se unir em um abraço coletivo.

Brincadeiras e rodas cantadas

Esse tipo de brincadeira representa uma forma de brincar com o corpo que envolve a relação movimento-música-voz-ritmo. É importante para estimular a expressão corporal. Nessas brincadeiras, as palavras, as frases e as sílabas são ritmadas e acompanham certos movimentos. Elas representam ótimos estímulos para trabalhar o senso rítmico, a imaginação e a criatividade, favorecendo formas simples de coordenação com movimentos de dança. Muitas brincadeiras cantadas foram criadas pela influência de outros povos, como os portugueses (por exemplo, "Ciranda, cirandinha"), os ameríndios e os africanos, e passaram a integrar o folclore nacional, sofrendo alterações em alguns casos.

As diversas formas de brincadeiras cantadas utilizam acalantos, cantigas avulsas, estribilhos musicais, toadas e cirandas. São muito diversificados os modos de atuar nas brincadeiras cantadas, podendo ser brincadeiras em roda, com grupos frente a frente, em fileiras e colunas, rodas com um ou mais participantes dentro ou fora, rodas concêntricas, com movimentos diversos, como marchas, com saltitos, em serpentina, com representação, com mímica, com danças, acompanhadas de palmas, com vendas, com cordas, com fitas etc.

Os temas que compõem as brincadeiras cantadas podem fazer referência a aspectos da vida social (por exemplo, "Eu sou pobre, pobre, pobre de marré, marré, marré. Eu sou pobre, pobre, pobre de marré de si"); a elementos da natureza (por exemplo, "O cravo e a rosa"); a aspectos instrutivos (por exemplo, "**Não** atire o pau no gato"); ao folclore (por exemplo, "Ai bota aqui o seu pezinho..."). Quanto aos andamentos das músicas, elas podem variar de rodas bem vivas e agitadas a rodas mais moderadas, lentas ou alternando os andamentos.

As músicas podem ser cantadas individualmente ou em grupo, com um coro único, ou mesmo de forma mista. Sua estrutura também pode variar, cantando-se todos os versos com a mesma melodia ou com melodias diferentes. O importante é unir ritmo, música e gestos, despertando-se o interesse pela diversidade cultural como forma de explorar os traços de determinadas culturas e promovendo-se a apropriação desse elemento como forma de educar, desenvolver habilidades e vivenciar o lúdico.

Esses exemplos de tipos de brincadeiras podem ajudar o profissional a compor os elementos associados aos objetivos a serem alcançados em suas aulas. Cabe a esse profissional estabelecer claramente suas metas e investigar a adequação de cada vivência para tornar a aprendizagem significativa.

⁞⁞⁞ Indicações culturais

O repertório de atividades com cantigas de roda e alguns tipos de brincadeiras envolvendo as mãos ainda é discreto. Assim, indicamos alguns textos que podem contribuir para ampliar esse repertório além do que já vimos ao longo do capítulo.

PIMENTEL, A. de A.; PIMENTEL, C. R. de. A. **Esquindô-lê-lê**: cantigas de roda. João Pessoa: Ed. da UFPB/Inep, 2004.

Existem inúmeras cantigas de roda que podem ser oferecidas em aula. Essa obra acrescenta alguns exemplos ao conteúdo abordado até neste capítulo.

BEINEKE, V.; FREITAS, S. P. R. **Lenga la lenga**: jogos de mãos e copos. São Paulo: Ciranda Cultural, 2006.

Os jogos de mão representam um importante treino coordenativo, e essa obra oferece diversos exemplos para ampliar o repertório dessas atividades.

4.3.2 Jogos

Os jogos se constituem em uma das formas de manifestação do lúdico. O jogo pode ser compreendido como uma atividade que tem regras próprias ou universais, visa à disputa e pressupõe ganhadores e perdedores, apresentando organização, objetivo, tempo de duração e regras definidos, envolvendo a interatividade e integrando fatores biopsicossociais. Com base na concepção de Caillois (1990), o jogo pode ser encarado como uma atividade essencialmente:

- **livre**, permitindo a opção pessoal e promovendo diversão;
- **delimitada**, configurando-se em tempo e espaço previamente estabelecidos;
- **incerta**, possibilitando ao jogador intervir e inventar jogadas;
- **improdutiva**, por não gerar bens, quando é desenvolvido de forma lúdica;
- **regulamentada**, implicando a obediência a regras preestabelecidas;
- **fictícia**, permitindo a representação de outras realidades.

Por meio do jogo, é possível aprender a se relacionar com a cultura e a assimilar regras sociais. Além disso, ele pode propiciar estímulos à criatividade, ao senso de cooperação e à expressividade pessoal. Por seu amplo espectro de possibilidades de utilização, o jogo concentra um potencial importante para o desenvolvimento humano.

Os jogos podem receber diferentes classificações (por local onde são realizados, pelas formas das regras, pelo envolvimento das pessoas, por habilidades que são solicitadas etc.). Os jogos também podem ser categorizados conforme suas características, como no caso dos jogos cooperativos (predomínio da colaboração entre os jogadores), jogos sensitivos (fomentam as sensações), jogos de socialização (auxiliam na integração entre as pessoas), jogos intelectivos, jogos populares ou tradicionais, entre outros. Nesta obra, vamos considerar três tipos de jogos, os quais são menos explorados na literatura específica: **jogos dramáticos/ de representação**, *webgames* **com o corpo** e **jogos de tabuleiro e de mesa com o corpo**. Eles são bastante criativos e podem ser facilmente apreendidos pelo profissional de educação física em sua prática, tanto em contexto escolar como no âmbito do lazer, para serem coadjuvantes nos processos educativos e utilizados em espaços para a vivência do lúdico.

Jogos dramáticos/de representação

Os jogos dramáticos se constituem em atividades de desenvolvimento de pequenas representações teatrais, envolvendo um processo de elaboração grupal e possibilitando a ampliação da liberdade de expressão pessoal. São jogos que abarcam diversas habilidades, favorecendo a criação de novos vínculos e formas de relacionamentos. São considerados como um tipo de jogo porque incentivam o comportamento lúdico, apresentam regras próprias, mas flexíveis, e promovem a definição de talentos, apesar de não se pautarem na competitividade; são também dramáticos, porque estão associados à dramatização e à representação da realidade ou de cenas imaginárias.

Uma das principais características dos jogos dramáticos é o fato de não seguirem regras rígidas, sendo que a ação acontece e cresce conforme a espontaneidade e a capacidade de expressão e comunicação de cada um para representar um personagem e desenvolvê-lo durante o jogo. Entre as premissas do jogo dramático estão:

- a **aceitabilidade**, já que, por ser uma atividade voluntária, o jogo precisa ser aceito para ser iniciado, podendo ser interrompido, se necessário;
- a **variabilidade**, pois o tempo e o espaço podem ser alterados, conforme o entendimento de quem dirige a atividade ou segundo o próprio grupo ou o tema trabalhado; e
- a **identificação**, por meio da qual os participantes se desprendem temporariamente da realidade para se imaginarem em um personagem.

Os jogos dramáticos podem ser aplicados como estratégia pedagógica em âmbito escolar, assim como no sentido de trabalhar a criatividade e a interação nas empresas ou, ainda, de abrir espaço para o lúdico e para o entrosamento de grupos no âmbito do lazer. Uma das formas de utilização do jogo dramático é por meio do *role-playing game* (RPG – jogo de representação de papéis), o qual promove o estabelecimento de novas formas de pensar e agir, bem como auxilia na interpretação de situações. O participante insere-se nelas de forma temporária e fictícia, compreendendo melhor o papel dos outros, o que pode deflagrar a assimilação de valores sociais e enriquecer a imaginação, ampliando a capacidade de criação, a gestualidade e a comunicação nos níveis verbal e não verbal. O jogo dramático também pode ser coadjuvante para ajudar a criança a distinguir entre realidade e fantasia, dinamizando a aprendizagem e promovendo transformações pessoais.

Para adequar as características dos jogos dramáticos às diversas faixas etárias, pode-se levar em consideração que, em torno de **5 ou 6 anos**, a criança consegue imitar exatamente o real, reproduzindo, por imitação, aspectos do cotidiano, principalmente de sua casa.

Com **6 e 7 anos**, a criança já consegue usar a imaginação com mais facilidade, mas gosta de vestir roupas específicas, para se tornar um personagem. As cenas do cotidiano também são facilmente reproduzidas nessa fase, mas há também cenas em que ocorre a presença de super-heróis ou que evidenciam mundos imaginários.

Por volta de **8 ou 9 anos**, a criança se torna mais reflexiva, gostando de representar figuras consideradas importantes, como o professor. A ênfase deve ser dada à introdução de temas polêmicos, como relacionamentos, *bullying* e violência, para aguçar o senso crítico e auxiliar na tarefa de transmissão de valores.

A partir dos **10 anos** e durante a **adolescência**, a criança e o jovem já conseguem dramatizar obras conhecidas, as quais exigem a memorização de textos mais longos. Não há mais tanta necessidade de utilização de adereços ou cenários para que a cena seja realizada. As fábulas e as obras de autores famosos podem passar por releituras propostas pelo próprio grupo, motivando a coparticipação das pessoas nas elaborações.

Por meio dos jogos dramáticos, os envolvidos podem ampliar sua capacidade de análise crítica e de síntese, o que contribui para a melhoria nos aspectos de associação de ideias e expressão corporal. Isso enriquece o repertório motor e exercita outros níveis de fatores do desenvolvimento humano, como apreciar uma obra, imaginar-se como um personagem de determinada realidade, refletir sobre o conteúdo exposto nas obras e sobre a própria ação no mundo, saber dividir a cena e transpor isso para o cotidiano, exercitando, inclusive, a paciência e o reconhecimento do outro em cena. Todos esses fatores colaboram para o enriquecimento da perspectiva de aceitação das diferenças.

O jogo dramático pode ser apresentado como recurso em qualquer idade. Para adultos e idosos, é interessante que seja adotado como elemento de sequência pedagógica. Inicialmente, pode ser empregado como estratégia de apresentação das pessoas;

depois, pode envolver os participantes em um aquecimento corporal e em algumas atividades de relaxamento, interiorização e sensibilização, propiciando maior liberdade e confiança para se movimentar e agir perante o grupo. Posteriormente, podem ser inseridos jogos para ampliar a percepção de si e do outro, jogos com personagens, além de jogos de inversão de papéis e, por fim, jogos em grupo, como o RPG.

Explore os jogos de RPG (*role-playing games*)

No RPG, existe a oportunidade de criação de personagens, com narrativas colaborativas. A progressão do jogo se dá com base em regras preestabelecidas, as quais dirigem a intencionalidade das cenas, mas permitem que se improvise livremente, para ressaltar o que for necessário, determinando-se o rumo do próprio jogo. Esse tipo de jogo não enfatiza a competitividade, e sim promove a cooperação, já que todos atuam para uma mesma finalidade, o que evidencia o trabalho em grupo para se obter sucesso na atividade.

Indicações culturais

As brincadeiras e os jogos de faz de conta representam um recurso central para estimular a passagem do real para o imaginário. Esse aspecto precisa ser tratado com cuidado pelo profissional, para não se tornar uma "terapia" e continuar a ser apenas um recurso lúdico, importante no desenvolvimento do indivíduo, conforme procuramos destacar.

MELLO, C. O **A interação social na brincadeira de faz-de-conta**: uma análise da dimensão metacomunicativa. Dissertação (Mestrado em Psicologia do Desenvolvimento) – Universidade Federal do Rio Grande do Sul, Porto Alegre, 1994.

Cátia Mello faz importantes reflexões a respeito desse tipo de brincadeira, ressaltando seu papel no desenvolvimento humano. Essa temática vai ao encontro do que tratamos neste capítulo.

DIAS, M. G. A brincadeira de faz-de-conta como capacidade para diferenciar entre o real e o imaginário. **Psicologia: Teoria e Pesquisa**, Brasília, v. 8, n. 3, p. 363-371, 2012.

A autora comenta sobre a necessidade de estabelecer um limite entre realidade e fantasia. Assim, a brincadeira de faz de conta ajuda a perceber o que é fictício, uma vez que possibilita a interpretação de papéis.

ALVES, C. H. M.; CASTRO, A. A. O RPG (roleplaying game) como ferramenta de ensino do suporte básico da vida. **Revista de Medicina**, São Paulo, v. 97, n. 1, p. 30-35, 2018.

Os jogos de RPG são muito atrativos, tanto pelas imagens quanto pelos recursos sonoros e pelas possibilidades de usar a imaginação e criar estratégias de ação. Portanto, são indicados, conforme mencionamos, para a utilização em sala de aula.

Webgames com o corpo

Os *webgames* correspondem à adaptação de jogos do ambiente virtual ou eletrônicos para a vivência presencial, com o corpo. Esse tipo de jogo surgiu da estreita relação humana com o ambiente virtual e as tecnologias, podendo ser apropriado tanto no contexto educacional, em aulas de Educação Física, como no âmbito do lazer, em hotéis, clubes, academias, centros de recreação e outros locais.

O profissional de educação física pode se apropriar dos estímulos do ambiente virtual para criar realidades por meio de jogos em quadra. Assim, pode utilizar os recursos do ambiente virtual, como jogos eletrônicos, *exergames*, filmes, *sites* e *blogs*, para ampliar suas estratégias de ação e atender às expectativas contemporâneas. Com base nesses estímulos virtuais, foram sugeridos os *webgames* adaptados com o corpo (Schwartz; Tavares, 2015).

As vantagens de utilização desses recursos estão relacionadas com o desenvolvimento da criatividade, o uso da imaginação, o enriquecimento do repertório motor, a superação de limites próprios e a estimulação à prática de atividades físicas, por meio do lúdico (Schwartz et al., 2013).

Em princípio, todos os tipos de jogos virtuais podem ser adaptados com o corpo, para serem vivenciados no contexto do lazer. Jogos de encaixe (Tetris), jogos de pegador (Pac-man), jogos de habilidades manuais/reação (*pinball*), jogos de raciocínio (Candy Crush), jogos de estratégia (batalha-naval), entre diversos outros, podem ser apropriados em seus aspectos predominantes e dar origem a adaptações para se usar o corpo como peças do jogo.

Isso promove bastante alegria e diversão, por ser uma inovação no modo de utilizar determinado jogo já conhecido. Além disso, muitos outros jogos inéditos podem ser criados com base nesses estímulos, o que também proporciona crescimento à pessoa que os propõe. Um exemplo disso pode ser o "caça zap", que nada mais é do que um caça jogo de ao tesouro, com a utilização de pistas enviadas pelo celular, em que as equipes, ao chegarem aos pontos das pistas, deverão enviar uma foto para garantir o recebimento da próxima pista.

Os *webgames* podem ser usados em diferentes contextos: na escola (recreio, aula formal, datas comemorativas); no lazer (hotéis, clubes, acampamentos, colônias de férias); na recreação (em diferentes contextos – *shopping centers*, festas, aniversários); no âmbito do entretenimento (condomínios, praças e áreas livres); no ambiente corporativo (empresas); em treinamentos físicos/terapias (clínicas, *spas* e academias); em gincanas (temáticas, comemorativas); e em brinquedotecas (hospitais, creches, asilos). Como são facilmente elaborados, suas dinâmicas permitem o desenvolvimento em todos esses âmbitos.

Para que os *webgames* sejam adequadamente inseridos nos programas, o profissional deve ficar atento para que possa:

- incentivar os alunos e promover um clima favorável à reflexão e à criação;
- superar preconceitos (ainda presentes!) a respeito da utilização de recursos tecnológicos no âmbito de sua prática;
- promover mudanças de valores em relação à sua atuação profissional;
- atualizar-se, a fim de atingir as expectativas de seu público-alvo (crianças, adolescentes, adultos e idosos);
- ser criativo e tornar sua atuação diferenciada;
- reforçar/reconstruir a ideia de educação significativa.

Indicações culturais

A produção acadêmica sobre as relações entre tecnologias e corpo ainda é escassa. Entretanto, como vimos ao longo do capítulo, já existem iniciativas interessantes para revigorar essa interessante relação.

SCHWARTZ, G. M. et al. Apropriação das tecnologias virtuais como estratégias de intervenção no campo do lazer: os webgames adaptados. **Licere**, Belo Horizonte, v. 16, n. 3, p. 1-26, set. 2013.

O recurso dos *webgames* é bastante eficaz para estimular a prática de atividades físicas pelo fato de utilizar a ideia do jogo virtual, o que é atrativo para todas as faixar etárias, mas com a utilização do corpo para atuar em vez de personagens. Essa é uma maneira saudável de introduzir a tecnologia no contexto da aula de Educação Física, conforme salientado ao longo do texto.

Jogos de tabuleiro e de mesa com o corpo

Os jogos de tabuleiro e de mesa podem ser definidos como atividades desenvolvidas por uma ou mais pessoas em que se utiliza um tabuleiro ou mesa sobre o qual as peças são movimentadas, obedecendo-se a regras próprias de cada jogo. Os jogos de tabuleiro podem ser classificados em jogos de sorte/azar (Jogo da Vida), jogos de estratégia cognitiva e perícia (xadrez, War) ou jogos que são um misto dos tipos anteriores (Banco Imobiliário). Já os jogos de mesa têm outras classificações, a saber: jogos com caneta e papel (forca, batalha-naval), jogos de baralho e cartas (buraco, mico), jogos com cartas colecionáveis (Magic, Supertrunfo), jogos de dados e cassino (bacará, *craps*), jogos esportivos (pingue-pongue, futebol de botão) e jogos com peças e bolas (sinuca, pebolim).

Os jogos de tabuleiro são bastante antigos e se propagaram por terem sido utilizados como estratégia de simulação para treinamento e preparação de soldados, auxiliando-os nas tomadas de decisão durante as guerras. Para além de ser vivenciado como forma de entretenimento, esse tipo de jogo também penetrou o ambiente educacional, trazendo inúmeras contribuições aos processos de ensino e aprendizagem (Giordani; Ribas, 2015). Já os jogos de mesa existem desde a Idade Média, com grande evolução na China, pelo desenvolvimento do papel. Posteriormente, ganharam o mundo, recebendo ambientação inspirada na sociedade de cada época (Faber, 2017).

Esses tipos de jogos estão inseridos em todas as culturas e são constantemente revitalizados ao longo do tempo. Envolvem diversas habilidades, uma vez que pressupõem disputas entre jogadores e equipes. Entre as habilidades desenvolvidas por esses tipos de jogos estão a rapidez de raciocínio (jogo da velha, damas), a concentração, a atenção e a inteligência (xadrez, gamão), a interação social (pebolim) e as táticas de jogo (sinuca, futebol de botão).

Como esses jogos podem ser explorados com as diferentes faixas etárias

A utilização de jogos de tabuleiro e de mesa no contexto escolar e do lazer pode ajudar as crianças a compreender os conceitos básicos de convivência, como a partilha, a paciência, as noções de vitória e derrota, sendo esses jogos importantes aliados nos processos de alfabetização e de estimulação do raciocínio numérico. Para os adolescentes e os adultos, são uma ferramenta interessante no aprimoramento de habilidades de raciocínio, memorização e concentração e de convívio social e interação em grupo. Para os idosos, além dos estímulos cognitivos, de atenção e memória, também atuam positivamente nos processos psíquicos e de socialização, minimizando os efeitos negativos geralmente associados ao processo de envelhecimento (Lopes, 2009).

Considerando-se todas essas vantagens que os jogos de tabuleiro e de mesa oferecem, surgiu a ideia de complementar seu uso com o estímulo ao desenvolvimento motor. Assim, foram criados os jogos de tabuleiro e de mesa adaptados para o corpo, os quais nada mais são do que a transposição do ambiente restrito do tabuleiro ou da mesa para a quadra, acrescentando-se movimentos. Podem ser utilizados tabuleiros gigantes em espaços maiores, para que as pessoas desempenhem as funções das peças do jogo, transferindo-se todas ou algumas das regras gerais de cada jogo para esses novos ambientes e adequando-se os materiais, conforme o objetivo de utilização.

Dessa forma, as habilidades motoras e as capacidades físicas entram em cena, por meio dos estímulos ao aprimoramento dos movimentos, com o envolvimento de diversas partes do corpo, como no caso da sinuca gigante, jogada sobre uma área limitada por bancos suecos ou outros obstáculos. Para tanto, as pessoas utilizam bastões de ginástica ou cabos de vassoura para impulsionarem as bolas, as quais deverão cair em local demarcado na conjunção dos bancos.

O raciocínio lógico é estimulado mediante desafios voltados à memorização, à atenção, à percepção e à avaliação de situações táticas e estratégias, como no jogo da memória com som e movimento. Para esse jogo, uma pessoa sai do ambiente e as outras formam duplas, criando-se um movimento e um som para os dois participantes. Depois, todos são colocados em um espaço restrito e as duplas são espalhadas. A pessoa que havia saído retorna e, ao sinal, deve tentar encontrar os pares semelhantes durante um tempo determinado.

A estimulação às competências sociais, afetivas e comunicativas se faz presente no jogo de pebolim humano. Nesse jogo, o qual ocorre como o futebol de campo, tendo jogadores atacando e defendendo um gol, o deslocamento dos jogadores acontece apenas na lateral, estando eles de braços dados, promovendo-se a total interação no grupo e o trabalho cooperativo para vencer o desafio da tarefa.

Por toda essa potencialidade, os jogos merecem a atenção do profissional atuante, tanto na esfera da educação formal como no contexto do lazer. Cabe a esse profissional utilizar esses recursos em sua atuação, buscando as melhores formas de adaptá-los aos seus alunos, no desenvolvimento de uma educação significativa e prazerosa.

Indicações culturais

Como evidenciado ao longo do texto, a inserção dos jogos de tabuleiro e de mesa no contexto da ação profissional ajuda a ampliar a gama de estímulos importantes para o desenvolvimento em todos os aspectos. Assim, os textos que indicamos a seguir podem complementar seu repertório de atividades desse tipo.

FABER, M. E. E. **Jogos de mesa na Idade Média**: tabuleiros, dados e cartas. 2017. Disponível em: <http://www.historialivre.com/medieval/jogos_media.htm>. Acesso em: 22 mar. 2021.

É muito interessante a abordagem desse texto, pois exemplifica diferentes jogos antigos, alguns dos quais são praticados até hoje. Como vimos, esse tipo de jogo requer muita concentração e lógica, representando um recurso bastante rico para o professor.

GIORDANI, L. F.; RIBAS, R. P. Jogos lógicos de tabuleiro: imersão no território escolar. **Revista Didática Sistêmica**, Rio Grande, v. 17, n. 1, p. 29-42, 2015. Disponível em: <https://seer.furg.br/redsis/article/view/4947>. Acesso em: 22 mar. 2021.

Os jogos lógicos são importantes para ampliar o estímulo ao desenvolvimento cognitivo, tornando, assim, a aprendizagem mais leve e lúdica.

Para refletir

Vimos que existe uma infinidade de brincadeiras, algumas delas bem antigas, outras muito recentes. Você acredita ser importante ainda trabalhar com os jogos mais antigos como atividades de recreação e lazer? Por quê?

4.4 Festas e manifestações populares

As festas são consideradas manifestações da cultura de determinado povo, representando aspectos dos contextos político e socioeconômico. As festividades ajudam a compreender a evolução cultural das localidades, sendo parte integrante de determinada estrutura social. Uma das peculiaridades dessas manifestações festivas é que elas podem fazer as conexões e transitar entre o sagrado (festas religiosas) e o profano (carnaval), bem como entre o popular (manifestações mais espontâneas) e o erudito (manifestações direcionadas a um público seleto), cada qual tendo suas especificidades.

Nas manifestações festivas estão embutidos os valores e significados da cultura de um povo. As festas têm sido utilizadas para:

- **divinizar** (festas dos santos no mês de junho, lavagem das escadarias do Senhor do Bonfim etc.);
- **celebrar** (festas de colheitas de diversos produtos agrícolas, como festa do morango, do milho etc.);
- **entreter** (carnaval, festas de peão, festa das nações e outras típicas de certa localidade, como o Boi-Bumbá de Parintins);
- **criticar** determinados aspectos de uma sociedade (parada *gay*), representando um importante meio de comunicação e difusão de valores sociais.

Por intermédio dessas expressões, é possível aprender e difundir a história de um povo, além de exercitar a cidadania. As festas têm um poder de comunicação tão importante que, hoje em dia, algumas delas se transformaram em nicho de mercado, pelos elementos a elas agregados, como o apelo turístico, a diversão, a novidade e o foco em comercialização de produtos relativos ao evento. Para Amaral (2001), a festa assume uma dimensão de espetáculo, na qual se inserem a arte, o turismo e a fruição, assim como uma dimensão de ação social, em que há um retorno de investimentos para a comunidade, e uma dimensão cultural, em que são evidenciados os valores e a religiosidade de determinado grupo social. Essas manifestações transitam, portanto, nesses três territórios, ora estabelecendo uma interface com eles, ora enfatizando algum deles.

Ao longo das épocas e em diferentes localidades, as festas receberam significados mediados pela tradição, pela modernidade e pelas diferentes classes sociais. Elas são, pois, bastante mutáveis, apesar de guardarem alguns significados originais.

4.4.1 Quais são as festas mais representativas em âmbito nacional?

Vejamos, a seguir, algumas festas populares brasileiras que já são tradicionalmente reconhecidas ou que ocupam espaço nas mídias, ganhando *status* de espetáculo:

- **Lavagem da escadaria da Igreja Nosso Senhor do Bonfim**: ocorre na segunda quinta-feira do mês de janeiro.
  Local: Salvador, na Bahia.
  Descrição: inclui uma procissão de 8 km, que se inicia na Igreja da Conceição da Praia e termina na Igreja Nosso Senhor do Bonfim. Algumas mulheres, vestindo trajes típicos de baianas, portam vasilhas com água de cheiro e vão subindo a Colina Sagrada, com o intuito de lavar as escadas da igreja, homenageando Oxalá, orixá que representa, no candomblé, o Senhor do Bonfim.

- **Carnaval**: ocorre entre fevereiro e março.
  Local: no Brasil, a festa se iniciou com os escravos, na época colonial, e foi se projetando e se alterando, tanto em relação aos ritmos quanto em relação às alegorias, sendo as mais prestigiadas as manifestações do Rio de Janeiro, de Salvador e de Olinda.
  Descrição: desfile de escolas de samba, que tratam de temas variados. Os participantes cantam e dançam ao longo de um percurso determinado, podendo ser seguidos ou não pela população, conforme suas características.

- **Festa de São João e outros santos**: ocorrem em junho.
  Local: sua ocorrência se dá no dia 24 de junho, em diversos locais do Brasil, com destaque para o São João de Caruaru, em Pernambuco, e o São João de Campina Grande, na Paraíba. Outros santos são também homenageados com

festas, como o Santo Antônio, no dia 13 de junho, comemorado em São Luís, no Maranhão, data que dá início à manifestação do Bumba Meu Boi e que se estende até o dia 30 de junho, com um enredo próprio, com danças e ritmos específicos; o São Pedro, no dia 29 de junho, padroeiro dos pescadores, com procissões marítimas em diversas cidades litorâneas.

Descrição: festas originadas pela tradição portuguesa, em que ocorrem danças variadas, fogueiras, balões e fogos de artifício, quadrilhas e comidas típicas.

- **Festival Folclórico de Parintins**: ocorre em junho.
  Local: Parintins, no Amazonas, no último fim de semana de junho.
  Descrição: apresentações de grupos folclóricos com temas regionais, como rituais e lendas indígenas e ribeirinhas, em um espaço denominado Bumbódromo, sendo o auge da festa a disputa entre os bois Caprichoso (azul) e Garantido (vermelho).

- **Festa do Congado**: ocorre em agosto.
  Local: Montes Claros, em Minas Gerais, durante vários dias de agosto, com levantamento de mastros celebrando os reinados de Nossa Senhora do Rosário, de São Benedito e do Divino Espírito Santo.
  Descrição: manifestação cultural e religiosa de grupos folclóricos de Marujos, Caboclinhos e Catopês, os quais se apresentam em cortejos pelas ruas da cidade, caminhando ou em cavalgadas, cantando, dançando, coroando e louvando seus santos de devoção, reis e rainhas.

- **Círio de Nazaré**: ocorre em outubro.
  Local: Belém, no Pará, durante o mês de outubro.

Descrição: manifestação religiosa em devoção a Nossa Senhora de Nazaré, incluindo cultos, procissões, romarias de carro e fluvial.

- **Folia de Reis**: ocorre entre dezembro e janeiro.
Local: diversas localidades de Minas Gerais.
Descrição: homenagem aos Três Reis Magos e ao nascimento de Cristo, com duração de 24 de dezembro a 6 de janeiro, em que um líder e um contramestre coordenam as apresentações de canto durante uma romaria pelas casas das cidades, entoando profecias.

A riqueza das manifestações festivas e folclóricas não se reduz às descritas aqui, uma vez que cada localidade pode apresentar a própria forma de celebração, conforme suas particularidades. Muitas outras festas e manifestações acontecem ao longo do ano em todos os municípios do país, sobretudo em datas de aniversário das cidades ou em outros tipos de celebrações religiosas ou folclóricas. Veja alguns exemplos a seguir:

- **Oktoberfest**: é realizada em outubro na cidade de Blumenau, em Santa Catarina. Está relacionada à cultura alemã e ocorre em uma data específica.
- **Rock in Rio**: é considerado o maior festival musical do mundo, ocorrendo de modo itinerante.
- **Natal Luz**: acontece na época do Natal, em dezembro, na cidade de Gramado, no Rio Grande do Sul.

Com a expansão da globalização, as festas ganharam uma conotação midiática. Assim, o público, que antigamente se restringia aos moradores locais, agora toma uma dimensão muito maior, havendo a ampliação de acesso de populações flutuantes às localidades na época das festas, além daqueles espectadores que participam acompanhando, em tempo real, por meio virtual. Esses aspectos devem ser evidenciados para se compreenderem a dimensão e a flexibilização do significado do termo *festa* nos dias atuais, o qual deixa de ter apenas um sentido local e passa a ter um sentido global.

Contudo, é intrigante como algumas festas ainda conservam seus formatos próximos dos originais. As festas que mantêm a maioria dos aspectos originais permanecem assim porque a comunidade não perde sua autonomia e luta pela autenticidade da manifestação. Ao perder essas dimensões, a manifestação festiva se transforma em espetáculo, sendo comandada por atores sociais diferentes daqueles que a criaram.

4.4.2 Quais são os atrativos das festas populares?

As festas retratam um universo simbólico, pautado na representação, ainda que ocorram de forma real. Elas estão estreitamente relacionadas com a vivência hedonista, prazerosa, de fruição estética, de sabores, de sons e movimentos, além da devoção e da ritualização religiosa. Além disso, elas são manifestações que ocorrem no contexto do lazer, evidenciando o fenômeno cultural para além do contexto do trabalho. Todos esses atrativos coexistem e fazem com que as festas resistam às ressignificações e às transformações contextuais, uma vez que estão arraigadas à cultura, à história e ao grupo social de determinada localidade.

Um dos grandes atrativos de uma festa é a expressão da religiosidade de um povo. A religiosidade representa um canal de expressão de crenças, as quais são simbolicamente envolvidas nas manifestações festivas. A sensibilidade de um grupo às tradições e às crenças religiosas permite que se estabeleça um contato entre as próprias subjetividades e que elas revivam tempos míticos.

Entre as formas de manifestação festiva religiosa podem ser citadas as festas dedicadas aos santos padroeiros ou não de localidades, aquelas devotadas a certas entidades religiosas e as romarias e peregrinações.

A diferença entre essas festas está no fato de que, nos dois primeiros tipos, ocorre uma homenagem a determinada figura religiosa ou época, enquanto as romarias e peregrinações congregam pessoas que se dirigem a espaços sacralizados.

Os ritos, os festejos de devoção, a diversão e os folguedos interagem claramente no território das festas. As características de todas essas manifestações fazem das festas um elemento importante para ser apropriado no campo dos estudos do lazer, como os eventos.

As festas e os eventos festivos podem ser de diversos tipos:

- **artísticos**, em que há predominância das relações estéticas (bailes, *shows*);
- **esportivos**, envolvendo os diversos jogos e esportes;
- **religiosos**, que incluem comemorações e cultos ligados à religiosidade;
- **políticos**, que consistem em manifestações de partidos e adeptos;
- **sociais**, que se constituem no congraçamento de pessoas com fins diversos;
- **comerciais**, realizados em prol da divulgação e venda de produtos;
- **educacionais**, voltados para fins didáticos.

4.4.3 Como ocorre a participação em festas e eventos no âmbito do lazer?

As pessoas podem se envolver em uma festa ou em um evento individualmente ou em grupo, de modo espontâneo, conforme os próprios interesses momentâneos, ou de modo programado, caso em que se selecionam as vivências em pequenos ou grandes grupos e com grandes públicos, o que caracteriza o lazer de massa, representado, por exemplo, por espetáculos artísticos, *shows* musicais, competições esportivas e encontros religiosos. Essa participação ocorre tanto de modo contínuo (permanente) como de modo ocasional (esporádico).

As festas, geralmente, envolvem grandes públicos. As motivações e os interesses associados a eventos e festas são bastante variados, estando relacionados à curiosidade, à observação, à fruição, ao divertimento ou mesmo à gratidão por alguma graça recebida. Diversos interesses comuns impulsionam o afluxo de grandes públicos para alguns eventos festivos.

Importante!

Um aspecto positivo do envolvimento de grandes públicos reside na possibilidade de se atingirem muitas pessoas com o mesmo interesse, além de ser mais fácil transmitir ou difundir as experiências culturais. Entretanto, como aspectos negativos, é possível considerar que pode haver menor nível de integração social e perda da qualidade e da diversidade de ofertas de atividades, em que se destaca o evento em si, e não a experiência cultural propriamente.

4.4.4 Como o profissional de educação física pode organizar uma festa ou evento no contexto do lazer?

Para organizar uma festa ou evento, o profissional precisa ter um projeto bem delineado. Para tanto, ele deve conhecer o contexto do lazer e o local onde acontecerá a festa ou evento, ter noções de administração e gestão, dispor de uma equipe preparada para atuar nesse âmbito, dominar e utilizar estratégias eficientes de *marketing* e divulgação da iniciativa e adotar procedimentos de avaliação.

Os projetos de desenvolvimento de festas e eventos devem assegurar que estes sejam:

- adequados à realidade;
- vinculados a uma política maior (intenção e direcionamento);
- definidos em termos de objetivo e diferenciados conforme o público-alvo (conhecimentos sobre o público-alvo);
- dependentes das condições gerais (financeiras, estruturais etc.);
- condizentes com o espaço e os equipamentos disponíveis;
- variados quanto às opções de atividades.

Por isso, para que a festa ou evento ocorra de forma adequada e alcance o sucesso esperado, são necessários o planejamento e a gestão dos espaços, dos equipamentos e das pessoas. É importante considerar as seguintes orientações:

- **Planejar o espaço**: é preciso identificar se este será aberto, fechado, coberto, ao ar livre ou virtual. Também devem ser observados os objetos que farão parte da decoração do espaço, a definição segura de entradas e saídas, os marcadores de localização (banheiros, luzes de emergência etc.) e as vias de locomoção de pedestres e veículos. Em caso de eventos no âmbito virtual, as conexões de internet devem ser cuidadosamente preparadas, para garantir a transmissão.

- **Planejar o equipamento**: se houver utilização de equipamentos audiovisuais, deve-se atentar para o conceito ou a forma como eles funcionam, para adequá-los ao espaço e buscar soluções práticas para a difusão do som e da imagem no ambiente. Também é necessário, na gestão dos equipamentos, entender sua complexidade, seus custos operacionais, suas formas e exigências de operacionalização e os recursos tecnológicos envolvidos. No caso de equipamentos para transmissão *on-line*, é preciso atentar para a qualidade das câmeras, da iluminação e do som.
- **Divulgação/promoção**: devem-se identificar os interesses e os grupos a serem atingidos e orientar o conceito para alcançar as expectativas, de modo a saber lidar com os meios de comunicação e as mídias de modo adequado. A divulgação pode ser feita pessoalmente e diretamente na comunidade, por meio de panfletagem, ou utilizando-se as mídias disponíveis (impressa, televisiva, virtual), devendo-se lembrar que a propaganda é a "alma do negócio", mas também pode ser a "arma do negócio"!
- **Desenvolver sistemas de controle de público**: é necessário definir o fluxo, prever comportamentos e atitudes e prezar pela segurança.
- **Gestão de pessoas**: é fundamental selecionar e treinar os recursos humanos envolvidos com a festa ou evento, para que possam envolver-se adequadamente com os recursos tecnológicos, os espaços e as pessoas. As tarefas podem ser distribuídas, porém deve haver uma liderança para a checagem de todo o esquema.
- **Envolver a comunidade**: é essencial dar valor às pessoas da localidade-sede, para difundir as expressões da comunidade.

- **Buscar parcerias**: é preciso procurar estabelecer parcerias com o poder público local, comerciantes e grupos tradicionais, no sentido de envolvê-los no contexto da festa ou evento, de modo que possam atuar até mesmo como possíveis patrocinadores.
- **Adotar os conceitos de acessibilidade e inclusão**: é importante oferecer oportunidade de participação a todos que tenham interesse.

Para refletir

Que impactos essas festas ou eventos causam e causarão na configuração do lazer dessas comunidades-sede?
Como lidar com a diversidade cultural dos turistas?
Como envolver as crianças e os jovens das comunidades nas discussões sobre o papel do lazer, das festas e dos eventos?
Como preparar as comunidades-sede para receber uma festa ou evento?

Esses e outros questionamentos devem fazer parte das reflexões do profissional ao se envolver com a organização de festas ou eventos. Somente pautado no conhecimento dos detalhes que envolvem a organização e gestão de eventos e festas e preparando-se para lidar com sobre as peculiaridades de cada localidade é que o profissional poderá desenvolver adequadamente uma estrutura segura e que vá ao encontro das diversas expectativas dos participantes.

O campo do lazer é um espaço profícuo para o desenvolvimento dessas manifestações, o que o torna um elemento importante a ser apropriado pelo profissional de educação física. A continuidade da transmissão de informações sobre essas festas pode contribuir com a perspectiva de manutenção das tradições e ampliar as possibilidades de vivências no tempo disponível dedicado ao lazer. Assim, ampliando seus conhecimentos sobre as possibilidades que se abrem nesse campo, esse profissional certamente poderá fazer a diferença no contexto em que for atuar.

Indicações culturais

As indicações a seguir podem colaborar para a reflexão sobre a importância da festa como elemento lúdico. Esse e outros aspectos reiteram o que foi tratado no capítulo a respeito desse assunto

FERREIRA, L. F. O lugar festivo: a festa como essência espaço-temporal do lugar. **Espaço e Cultura**, Rio de Janeiro, v. 15, n. 1, p. 7-21, jan./jun. 2003. Disponível em: <https://www.e-publicacoes.uerj.br/index.php/espacoecultura/article/view/7729/5584>. Acesso em: 22 mar. 2021.

Esse artigo explora o sentido dado às festas, agregando outros conhecimentos ao que já abordamos ao longo do capítulo.

RANGEL, L. H. V. **Festas juninas, festas de São João**: origens, tradições e história. São Paulo: Publishing Solutions, 2008.

O conhecimento sobre as festas juninas favorece a transmissão das tradições folclóricas e auxilia o professor na configuração de sua ação com esse tema.

SOUZA, R. L. **Festas, procissões, romarias, milagres**: aspectos do catolicismo popular. Natal: Ed. da IFRN, 2013.

Nessa obra, são trabalhadas algumas peculiaridades das festas, que podem ser agregadas ao que já foi abordado.

▪ Síntese

Inúmeras transformações fazem parte da história de determinada cultura. Assim, a compreensão sobre as dinâmicas que ocorrem nas sociedades e a forma como o comportamento lúdico é valorizado representa um importante fator para que o profissional de educação física possa adequar as escolhas de atividades de caráter lúdico a serem inseridas em sua prática profissional.

As possibilidades de apropriação de vivências lúdicas em suas inúmeras manifestações estão à disposição desse profissional. Basta que ele busque conhecimento constante para se apropriar adequadamente da história e da atualidade da cultura, valorizando o papel do lazer como um campo fértil para a ocorrência das diversas manifestações.

A seguir, apresentamos resumidamente os principais conceitos trabalhados neste capítulo:

- **Conceito de comportamento lúdico**: manifestação primária da espécie humana que predispõe o indivíduo à diversão e à vivência de atividades prazerosas.
- **Conceito de brincadeira**: atividades com caráter recreativo, com características próprias e regras adaptáveis, que se desenvolvem com ou sem objetos de brincar (brinquedos).
- **Conceito de brinquedo**: objeto utilizado para brincar, que apresenta características, significados e diferenciações culturais.
- **Conceito de jogo**: atividade lúdica estruturada e com regras, que apresenta competição e resulta em perdedores e ganhadores, praticada com fins recreativos, profissionais ou como estratégia educacional.

Atividades de autoavaliação

1. Relacione as fases do desenvolvimento infantil, na primeira coluna, com as características das crianças nos jogos e nas brincadeiras, na segunda coluna:

   A) 0 a 2 anos
   B) 3 a 6 anos
   C) 7 a 11 anos
   D) 12 a 18 anos

   1) Não se mostra capaz de colocar-se na perspectiva do outro.
   2) Apresenta boa capacidade cooperativa.
   3) Interage com os objetos manipulando-os com todo o corpo.
   4) Gosta de contar vantagens e alterar as regras dos jogos a seu favor.

   Agora, assinale a alternativa que associa corretamente os elementos da primeira coluna com os da segunda:

   a) A-1; B-2; C-3; D-4.
   b) C-1; A-2; D-3; B-4.
   c) D-4; C-2; B-1; A-3.
   d) B-1; D-2; A-3; C-4.
   e) D-1; A-2; B-3; C-4.

2. Relacione cada um dos conceitos, na primeira coluna, à respectiva descrição, na segunda coluna:

   A) Jogo
   B) Brincadeira
   C) Lúdico
   D) Brinquedo
   E) Comportamento lúdico

   1) Objeto que serve de suporte para a diversão ou fica atrelado ao ensino de conteúdos educacionais.
   2) Apresenta regras internacionalmente reconhecidas e resulta em perdedores e ganhadores. Atividade organizada e planejada, sistemática, que pressupõe uma disputa com divertimento.

3) Caracteriza as atividades prazerosas, capazes de estimular a satisfação e a alegria, possibilitando a expressão emocional positiva e a melhoria dos aspectos da convivência.

4) Atividade lúdica com regras flexíveis, caracterizada por uma situação imaginária.

5) Conduta expressa na diversão.

Agora, assinale a alternativa que associa corretamente os elementos da primeira coluna com os da segunda:

a) A-4; B-1; C-3; D-2; E-5.
b) A-3; B-2; C-4; D-1; E-5.
c) A-2; B-3; C-4; D-1; E-5.
d) A-1; B-4; C-2; D-5; E-3.
e) A-5; B-1; C-3; D-4; E-2.

3. Relacione as fases do desenvolvimento, na primeira coluna, com as características das crianças ao se envolverem com jogos dramáticos, na segunda coluna:

A) 5 a 6 anos
B) 6 a 7 anos
C) 8 a 9 anos
D) 10 a 18 anos

1) Tem muita imaginação e vivências no mundo imaginário.

2) Memoriza textos com facilidade e não precisa de cenário para dramatizar.

3) Vive imitando o real, fazendo reproduções da vida cotidiana.

4) É uma fase mais reflexiva, em que gosta de representar, havendo, porém, a questão do *bullying*.

Agora, assinale a alternativa que associa corretamente os elementos da primeira coluna com os da segunda:

a) A-1; B-2; C-3; E-4.
b) C-1; A-2; D-3; B-4.
c) D-4; C-2; B-1; A-3.
d) B-1; D-2; A-3; C-4.
e) D-1; A-2; B-3; C-4.

4. Relacione as classificações de jogos, brinquedos e brincadeiras citadas ao respectivo representante:

A) Jogo de tabuleiro, de estratégia cognitiva e perícia.
B) Jogos de representações teatrais.
C) Jogos de representação de papéis.
D) *Webgame* – adaptação de jogos do ambiente virtual ou eletrônicos para a vivência presencial, com o corpo.
E) Jogo de mesa.

1) RPG
2) Dramatização
3) Sinuca
4) Caça *zap*
5) War

Agora, assinale a alternativa que associa corretamente os elementos da primeira coluna com os da segunda:

a) A-2; B-4; C-1; D-3; E-5.
b) A-5; B-2; C-1; D-4; E-3.
c) A-1; B-2; C-3; D-4; E-5.
d) A-3; B-2; C-5; D-1; E-4.
e) A-4; B-3; C-1; D-5; E-2.

5. Relacione os tipos de jogos e brincadeiras citados à respectiva classificação:

A) Pingue-pongue
B) Uni duni tê
C) Ciranda cirandinha
D) Rei Leão

1) Jogo dramático.
2) Jogos de mesa.
3) Brincadeira de escolha.
4) Brincadeira cantada.

Agora, assinale a alternativa que associa corretamente os elementos da primeira coluna com os da segunda:
a) A-1; B-2; C-3; D-4.
b) C-1; A-2; D-3; B-4.
c) D-1; C-4; B-3; A-2.
d) B-1; D-2; A-3; C-4.
e) A-2; B-1; C-4; D-3.

Atividades de aprendizagem

Questões para reflexão

1. De que modo as crianças e os jovens podem ser motivados a não deixar de valorizar o comportamento lúdico?

2. Considerando os conceitos abordados no capítulo, que estratégias você pretende adotar para torná-los parte importante no processo de aprendizagem na educação física?

Atividades aplicadas: prática

1. Faça uma lista com os critérios que devem ser levados em consideração ao se organizarem as atividades lúdicas adequadas para cada faixa etária, explicando cada critério listado.

2. Depois de estudar sobre a importância das atividades que envolvem o corpo e o lúdico, como você trabalharia o equilíbrio entre as atividades essencialmente virtuais e as atividades grupais presenciais para crianças, adolescentes e idosos?

Capítulo 5

Contribuições teóricas no campo dos estudos sobre recreação e lazer

Giuliano Gomes de Assis Pimentel

No capítulo anterior, você pôde aprofundar a compreensão acerca das relações do lazer com as práticas corporais. Sabemos que a forma mais conhecida de se atuar nesse campo é por meio da recreação, em seus diferentes enfoques. Enfatizamos também as atividades de aventura, o entretenimento e a educação física escolar. Compreender essas relações é fundamental para que o profissional da área seja alguém com um diferencial no mercado de trabalho.

Neste capítulo, você poderá refletir sobre algo que confunde e até amedronta muitos estudantes: a teoria. Mas, afinal, o que é uma teoria?

Teoria é um conjunto organizado e coerente de leis e hipóteses que buscam explicar a realidade e são passíveis de serem testadas na prática.
Características das teorias:

- São dedutivas, ou seja, abrangem o conjunto de situações às quais se aplicam.
- São válidas até que novas teorias ou evidências refutem seu poder de explicar determinado fenômeno.

Portanto, no campo do lazer e da recreação, as teorias são modelos que explicam as manifestações a ele relacionadas, permitindo que se possa colocá-las em prática de forma racional.

Para iniciar a discussão acerca das contribuições teóricas sobre a recreação e o lazer, analise se você tem respostas científicas para as seguintes questões:

- Por que existe lazer?
- É possível prever o comportamento lúdico?
- Quais são os benefícios da recreação para o desenvolvimento humano?
- Aspectos como gênero, etnia e classe social interferem no tempo livre?

Questionamentos como esses somente são possíveis porque existem formulações teóricas que não tomam o lazer como algo banal, como um objeto sobre o qual não há necessidade de refletir. É justamente por ser um acontecimento complexo que se tornou necessário propor explicações teóricas sobre por que, com quem, quando, como e onde se manifesta o lazer.

A partir de agora, você conhecerá algumas das principais contribuições teóricas para compreender o lazer. Primeiramente, veremos que as teorias de cunho econômico enfatizam como o lazer é fruto do desenvolvimento econômico da sociedade e como isso afeta nossas experiências no tempo livre.

5.1 Teorias de cunho econômico

Há diferentes autores que produziram reflexões sobre as relações entre lazer e economia. Você poderá basear-se nessas teorias, por exemplo, para responder se investir no lazer é um desperdício de recursos ou se isso traz um retorno garantido.

A economia explica o comportamento financeiro desde o nível individual até o nível planetário, indicando tendências sobre a movimentação do dinheiro para gastos e investimentos.

5.1.1 A indústria do lazer

Faça uma checagem para verificar se você já consumiu serviços ou produtos de alguns setores lucrativos no campo do lazer: *resorts*, *shows*, cassinos, entretenimento na televisão, *sexshop*, cinema, aplicativos, lojas de brinquedos ou materiais esportivos, festas, boates, parques temáticos e *videogames*. Essa pequena relação já é o suficiente para reconhecer que o lazer é um setor da economia que movimenta bilhões de dólares no mundo. Vejamos alguns exemplos concretos no Gráfico 5.1.

Gráfico 5.1 **Lazer como mercadoria internacional**

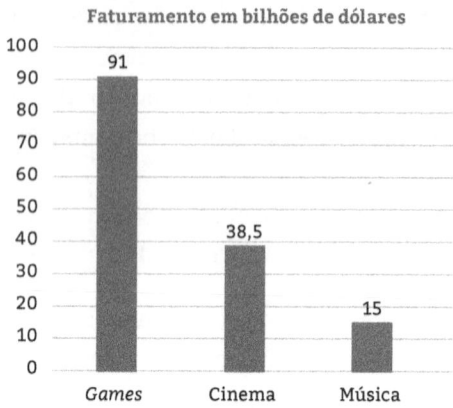

Fonte: Elaborado com base em Harada, 2018.

Considerando esses dados, podemos falar em *indústria do lazer*. Há uma produção em série de opções de lazer que custam dinheiro. E mesmo aspectos aparentemente não relacionados ao lazer são influenciados por ele. No momento de escolher qual residência ou modelo de carro adquirir, as pessoas pensam no lazer. Lugares de consumo, como *shopping centers*, consideram que não basta apenas ofertar lojas para compras, sendo necessário disponibilizar lugares para diversão.

Em face da realidade da indústria do lazer, podemos evocar a primeira importante corrente teórica na área da economia, que é a **teoria crítica**. Essa abordagem é advinda da chamada *Escola de Frankfurt*, cujos principais autores são Max Horkheimer, Theodor Adorno, Herbert Marcuse e Walter Benjamin. Suas pesquisas identificaram que a cultura está perdendo sua dimensão criativa e a vida está se tornando excessivamente padronizada. Isso é bom para os governos controlarem as pessoas e para o comércio que vende produtos massificados, mas há uma perda da autonomia da pessoa em criar livremente o lazer que ela deseja.

Entre as reflexões proposta por esse grupo se destaca o que eles denominaram *indústria cultural*. Esse conceito se refere ao tipo de produto cultural produzido em larga escala. Antes do desenvolvimento industrial, uma obra de arte, por exemplo, era praticamente única. Com o aparato tecnológico, é possível reproduzir infinitamente cópias fiéis de qualquer obra. Não há necessidade de ir ao Museu do Louvre para conhecer a *Mona Lisa*. Basta encomendar em um *site* uma cópia exata dessa obra e colocá-la na parede de casa.

No turismo, isso se reflete na possibilidade de se reproduzir a Torre Eiffel ou uma onda em um parque temático sem haver a necessidade de se deslocar até Paris ou até a praia. Na recreação, sabemos que há profissionais que dominam brincadeiras cantadas e até tocam instrumentos musicais em suas atividades. Desde a invenção de equipamentos que reproduzem músicas (discos, fitas cassete, CDs etc.), qualquer obra recreativa, que antes estava limitada ao estilo de cada recreador, pode ser reproduzida. Assim, músicas cantadas por recreadores como Edinho Paraguassu e Hani Awad podem circular em qualquer ambiente, independentemente do conhecimento musical de quem está usando o CD para a atividade recreativa.

5.1.2 O consumo no lazer

No tópico anterior, vimos que o lazer é administrado por uma indústria bilionária. Portanto, é um importante setor da economia e pode gerar muitas oportunidades de empreendimentos. Pense nisso como um mercado de trabalho para sua futura atuação profissional.

Para avançarmos na compreensão do lazer pela perspectiva econômica, é fundamental considerar as análises de Karl Marx. Esse pensador não estava preocupado com a função monetária do lazer, pois, para ele, o lazer deveria ser expressão do reino da liberdade humana. Todavia, ele fez críticas importantes ao modo capitalista de impulsionar as pessoas para o consumismo.

Marx (1996) menciona o que ele denominou *fetiche da mercadoria*, que é a ilusão do consumidor em achar que ele realmente precisa daquilo que está consumindo. Há uma projeção psicológica como se o produto tivesse propriedades mágicas. Com isso, o pensamento marxista explica que não é o mercado que gera a demanda, mas o contrário, isto é, são os interesses do capital, por meio de estratégias de sedução mercadológica, que inventam o mercado.

Isso pode ser exemplificado quando adquirimos um material esportivo, como um tênis para corrida, caro e tecnologicamente avançado, que só usamos uma vez na vida. Não vai ser o tênis que vai nos transformar em corredores, mas a prática frequente (e conseguir tempo para isso). Porém, há uma certa ilusão de que a aquisição da mercadoria é o principal para que o lazer esportivo aconteça.

Nesse sentido, se aplicássemos a crítica de Marx ao nosso cotidiano, teríamos de calcular quanto tempo de vida nos custa cada produto consumido. Uma pessoa que adquire algo caro e é assalariada terá de trabalhar uma quantidade de horas para pagar seu consumo. Assim, nessa perspectiva econômica, mais consumo conduziria a menos tempo livre. Quanto mais se consome, mais se deve trabalhar para pagar aquilo que se adquire.

Para refletir

Faça um inventário em sua casa e identifique quais são as coisas que você comprou por impulso e acabou subutilizando. Calcule o valor dessas mercadorias e veja quanto o fetiche da mercadoria custou para você.

O consumo no lazer também é teorizado como uma forma de marcar a posição social. Nesse sentido, comprar coisas desnecessárias para ostentar seria uma condição para manter-se em evidência na disputa pelo *status* social. A esse respeito, Thorstein Veblen (1987) desenvolveu a **teoria da classe ociosa**. Em seus estudos, observou que as civilizações eram marcadas por grupos dominantes que não precisavam trabalhar produzindo coisas. Os sacerdotes, os guerreiros e os governantes viviam no ócio, ou seja, dispunham de tempo para cuidar do desenvolvimento pessoal. Portanto, além da riqueza, ter tempo livre era a marca maior de distinção social.

No século XX, conforme Veblen (1987), a industrialização possibilitou às pessoas adquirir bens e alcançar o direito ao lazer. Ademais, a sociedade moderna já não é mais organizada por castas, sendo possível haver maior mobilidade social. Com o acesso à educação e com os meios de comunicação tornando tudo acessível, ficou mais difícil à elite manter só para si seu estilo de vida. Nesse sentido, alguém da classe média poderia ascender ao mesmo gosto cultural dos mais ricos.

Em reação a isso, observou-se o crescimento do mercado de luxo. Essa foi a forma de manter as diferenças, e o lazer contribuiu para essa distinção. Basta abrir o jornal na coluna social para ver pessoas de alto poder aquisitivo exibindo-se em iates, cruzeiros e hotéis seis estrelas, restaurantes requintados, esportes caros, camarotes em *shows*, entre outros serviços e bens de consumo exclusivos.

Esse gasto dispendioso com a única finalidade de exibir a condição social é denominado por Veblen (1987) de *consumo conspícuo*. No entanto, segundo o autor, a classe média sempre tentará buscar assimilar, de alguma forma, esse padrão, tentando equiparar-se à classe ociosa. Por outro lado, a classe trabalhadora também se esforçará para adentrar nos padrões de consumo da classe média, o que gerar uma corrida consumista sem fim. Nesse jogo, o lazer experimenta a lógica da chamada *obsolescência programada*, ou seja, toda novidade já tem prevista pela indústria cultural sua substituição por uma próxima novidade. Você pode conferir isso ao considerar desde camisas de times de futebol até consoles de jogos.

> **Para refletir**
>
> É possível ter lazer sem consumo? Para Arantes Neto (1993), não, pois o consumo é também uma prática cultural no lazer. Por meio do consumo, manifestamos nossos desejos e nossa personalidade, além de se tratar de uma forma de sociabilização.

5.2 Teorias sociológicas sobre o lazer

Em nível mundial, sem dúvida, a sociologia é a área que mais se ocupa do lazer. Embora este seja um objeto multidisciplinar, estudado nas mais variadas áreas, desde a arquitetura até a psicologia, por exemplo, as teorias sociológicas foram as que mais avançaram. A sociologia do lazer busca dar explicações e soluções em relação ao que a sociedade faz ou deve fazer com seu tempo livre. Vale lembrar que, para a sociologia, o lazer é um fenômeno social originado a partir da industrialização, da urbanização e da modernização da sociedade.

5.2.1 Estruturas sociais do lazer

Embora você possa pensar que seu lazer é fruto de sua livre vontade, na verdade, existem diferentes determinações sociais que o influenciam. Neste tópico, você conhecerá dois autores – Pierre Bourdieu e Norbert Elias – que o ajudarão a compreender como a estrutura social determina o lazer. Esse conhecimento é essencial para se evitar tomar a realidade como algo natural, pronto. Todas as nossas práticas são fruto de um processo histórico de construção social, que faz o lazer variar conforme o gênero, a raça, a classe social e a regionalidade.

Todos nós temos um estilo de vida que incorporamos em razão de determinações sociais, que, por já existirem desde nosso nascimento, são vistas como se fossem naturais. Bourdieu (1983) denomina essas estruturas que nos determinam de *habitus*. São, em outras palavras, disposições e tendências incorporadas pelos atores conforme ocorre sua sociabilização. Assim, por exemplo, uma pessoa que vive e trabalha no campo tende a buscar força em seu corpo, enquanto alguém que é da elite está predeterminada a desenvolver a estética corporal.

Obviamente que não há uma lei imutável que estabeleça esses gostos. Por mais que sejam assumidos como normais, pode haver mudança no *habitus*. Ainda assim, essas são as disposições socialmente construídas para cada grupo social. Outro exemplo dado por Bourdieu (1983) é que, mesmo sem se darem conta disso, as pessoas tendem a namorar alguém que seja do mesmo bairro ou próximo a ele e com os mesmos padrões de religião, trabalho, corpo e lazer. Desse modo, sem percebermos, nosso *habitus* estrutura boa parte de nossa vida, do tipo de esporte que praticamos até nossa profissão (Souza; Marchi Júnior, 2017).

Para desenvolver esse pensamento, Bourdieu (1983) apresenta dois conceitos importantes: campo e capital. **Campo** é um território, no sentido simbólico, em que os agentes (pessoas ou instituições) disputam entre si a autoridade para definir o que é aceitável ou não. Nesse caso, podemos considerar o lazer como um campo.

Para ilustrarmos como é importante disputar o poder simbólico nesse campo, vamos considerar o exemplo do subcampo *parkour*. Essa é uma atividade físico-esportiva de aventura que consiste em transpor obstáculos urbanos. Nos anos 1990, em algumas cidades, alguns agentes tentaram praticar o *parkour* em praças, mas enfrentaram a reação de outros agentes mais poderosos (mídia, prefeitura, polícia) que determinaram que aquilo era vandalismo. Logo, naquela realidade, o campo *lazer* decretou que *parkour* não era lazer nem esporte. Contudo, com o passar do tempo, os agentes que praticavam o *parkour* se organizaram melhor e começaram a mudar a visão do campo. Já na atualidade, a Federação Internacional de Ginástica (FIG) considera o *parkour* uma modalidade. Isso significa que os agentes do *parkour* adaptaram-se ao código de valores do campo, para ingressarem nele de forma legítima, conforme a classificação vigente do que é adequado.

Esse exemplo nos remete a outro conceito de Bourdieu (1983), que é o de **capital**. Toda pessoa é dotada de um capital econômico, que é relativo aos bens e às finanças. Porém, nem sempre isso é suficiente para ela viver em sociedade de forma a fazer parte do grupo dominante em determinado campo. Para Bourdieu, os agentes também são dotados de outros capitais.

Um deles é o capital cultural: conhecimento cultural adquirido nas primeiras vivências de sociabilização. Com isso, adquirem-se certos gostos e predileções, que se tornam, no mesmo grupo social, geração a geração, um conjunto de disposições permanentes (*habitus*). De acordo com seu capital cultural, a pessoa consegue se integrar em certos meios. Aplicado ao lazer, isso significa que o capital cultural é o limite daquilo que cada pessoa vai buscar na estrutura social. Não adianta, portanto, ofertar atividades de lazer a determinado grupo se elas não condizem com o capital cultural que tais pessoas compartilham entre si.

O outro capital é o social. Ele se constitui em um conjunto de relações, possíveis ou já institucionalizadas, que nos permitem obter uma rede social na qual interagimos, com proveito e benefícios mútuos. Como todos nós somos indivíduos sociais, manter muitas e boas relações com os outros é um dos aspectos fundamentais da existência. Estar com os outros é uma necessidade humana. No lazer, isso se intensifica, seja porque aquelas pessoas favorecidas pelos contatos terão mais e melhor acesso às oportunidades de lazer, seja porque há práticas de lazer, como uma festa, que decisivamente dependem do capital social de quem as promove.

Como conclusão dessa breve apresentação do pensamento de Pierre Bourdieu, podemos afirmar:

a. O lazer já vem fortemente determinado pelo *habitus*.
b. Para mudar o *habitus* no campo do lazer, é necessário ter capital.
c. O lazer é afetado pelos capitais econômico, cultural, simbólico e social.

Dessa forma, o lazer segue estruturas prefixadas (*habitus*), as quais vão se mover conforme a força do capital (econômico, cultural e social) dos agentes que disputam esse campo. Por outro lado, nem sempre o campo do lazer é tão autônomo assim, sendo dependente das relações que se estabelecem em outros campos. Essa pode ser uma explicação para o fato de o trabalho de um profissional do lazer impactar pouco e lentamente a mudança das práticas de lazer da população.

5.2.2 Configurações sociais e práticas miméticas de lazer

Outro autor importante que nos ajuda a enxergar de longe a ação das estruturas sociais é o sociólogo alemão Norbert Elias. Enquanto o francês Bourdieu apresenta a **teoria dos campos**, marcada por grandes estruturas estáveis, Elias trabalha com a **sociologia configuracional**.

Nessa linha de investigação, é possível compreender que a interação entre seres humanos se dá por configurações de diferentes tamanhos e com durabilidade variada. Uma dupla de crianças brincando é, naquele ato, uma configuração porque pressupõe interação humana e *habitus*. Um grupo jogando bocha é uma configuração maior, e a torcida de um grande time de futebol é outra, maior ainda.

Portanto, para o recreador, que sempre atua nas mais diversas configurações sociais, é importante compreender as "regras do jogo" presentes em cada tipo de configuração. Esse conceito é relevante porque nos livra da crença de que a sociedade é um todo uniforme e coerente. Assim, de acordo com a configuração que as pessoas formam, atividades de lazer podem surgir ou desaparecer.

Outra contribuição importante de Elias (2008) diz respeito ao **processo civilizador**. Embora possamos pensar que as práticas de lazer de hoje sejam violentas, o autor propõe pensarmos justamente o contrário. Ao longo de muitas gerações, a vida em sociedade empurrou os indivíduos para configurações cada vez mais complexas e menos conflitivas. Os costumes foram gradativamente se tornando mais condicionados por meio da educação.

Desse modo, podemos ver que as práticas de lazer também foram objeto de restrições a aspectos violentos. Elias afirma que o lazer é uma forma socialmente construída de controle das emoções. Isso porque não podemos expressar diretamente nossos instintos sem que sejamos socialmente punidos ou constrangidos. Porém, o ser humano precisa de uma válvula de escape para essas emoções. Uma partida de futebol pode gerar tensões, mas a própria dinâmica do jogo geralmente produz o alívio dessas tensões (Elias; Dunning, 1985).

Nessa perspectiva, muitas atividades de lazer, como os esportes coletivos, são experiências miméticas – formas seguras de expressão das emoções. Diz-se *mimético* porque os riscos a que se está sujeito nessas atividades estão atenuados; apenas imitam a realidade. Como exemplo, podemos considerar que a emoção real da guerra tem altos custos para a sociedade, mas pode-se recorrer às atividades miméticas por meio de *videogames*, simuladores ou do *paintball*.

Que ensinamentos os profissionais da educação física podem obter com a teoria do processo civilizador e a sociologia configuracional de Elias? Podemos sintetizá-los da seguinte forma:

a. Devemos compreender que as práticas de lazer têm uma história.
b. Se examinarmos a origem de uma prática, possivelmente perceberemos que anteriormente ela era mais perigosa.
c. A ação da instrução sobre as crianças e os jovens, em longo prazo, aumenta o controle das emoções.
d. As práticas de lazer atendem a necessidades de diferentes configurações.
e. É preciso planejar as atividades recreativas conforme a característica de cada configuração.
f. As pessoas buscam excitação em práticas de lazer, mas elas são miméticas. Há emoção sem muitos riscos.

Por isso, para que o trabalho do profissional de educação física seja coerente, é importante estudar como ocorre a configuração de cada grupo, conforme as regras próprias dessa sociedade. Cada configuração tem a própria dinâmica. Há casos, por exemplo, em que uma manifestação lúdica pode parecer violenta, como as brincadeiras de "lutinha". Por outro lado, talvez estas sejam uma forma de "descontrole controlado das emoções". Assim, ao invés de produzirem violência, as brincadeiras agressivas consentidas entre as crianças podem significar uma forma de apaziguar os instintos violentos.

Para refletir

Identifique um exemplo de lazer em sua realidade social e faça uma análise crítica dele com base no pensamento de autores como Elias e Bourdieu.

5.3 Teorias sociológicas do lazer

Com o avanço da importância do lazer como fenômeno social, não cabia mais apenas discutir o lazer como parte de uma teoria abrangente da sociedade. Começaram a surgir estudiosos que propunham uma área específica e própria de investigações sobre o lazer. Autores como Stanley Parker, Max Laplante, Joffre Dumazedier, Kenneth Roberts, Francis Lobo, Carlos Alberto Rico, Ishwar Modi, Robert Stebbins, Chris Rojek, Manuel Cuenca Cabeza, entre outros, são representativos desse movimento mundial que construiu uma **sociologia do lazer**.

Em nível mundial, a principal entidade científica que reúne pesquisadores do lazer é a World Leisure Organization (WLO), que a cada dois anos realiza um congresso mundial. Também pode ser destacado o Comitê de Pesquisa em Sociologia do Lazer (conhecido como RC13), da Associação Internacional de Sociologia.

5.3.1 Da realidade para a transformação do lazer na sociedade

O francês Joffre Dumazedier foi um dos primeiros a desenvolver a sociologia do lazer como um objeto específico do conhecimento. Seu conceito de lazer é ainda um dos mais difundidos e destaca a importância de se diferenciar o lazer do trabalho e das obrigações.

Conforme o autor,

> Lazer é o conjunto de ocupações às quais o indivíduo pode entregar-se de livre vontade, seja para repousar, seja para divertir-se, recrear-se e entreter-se, ou ainda para desenvolver sua informação ou formação desinteressada, sua participação social voluntária ou sua livre capacidade criadora após livrar-se ou desembaraçar-se das obrigações profissionais, familiares e sociais. (Dumazedier, 2000, p. 34)

Formalmente, só há lazer quando a pessoa está livre para escolher. Assim, mesmo que uma obrigação seja prazerosa, para esse autor, isso não seria lazer, e sim, no máximo, um semilazer.

Para Dumazedier, historicamente, o lazer seria resultado de uma revolução em três sentidos:

1. **Revolução dos direitos**: os trabalhadores reivindicaram o fim das jornadas extenuantes de trabalho, considerando que o dia deveria ser dividido entre 8 horas de trabalho, 8 horas de descanso e 8 horas de lazer.
2. **Revolução da produção**: os donos das indústrias perceberam que era necessário um tempo livre para que o trabalhador recuperasse suas forças e, além disso, que era preciso haver lazer para que as pessoas consumissem.
3. **Revolução cultural**: a Igreja acreditava que o aumento do tempo livre faria as pessoas frequentarem mais os cultos, e os sindicatos previam que haveria mais participação dos trabalhadores na formação crítica. Todavia, o aumento do tempo livre significou predominantemente uma escolha individual e hedonista (que significa a busca pelo prazer) por lazer.

Considerando essa tripla revolução, Dumazedier entendeu que o lazer desempenharia três funções na sociedade: **descanso**, **diversão** e **desenvolvimento pessoal**.

Essas funções também são conhecidas como *3 Ds do lazer*. A primeira, o descanso, está ligada à necessidade fisiológica de recuperação. O cotidiano desgasta a pessoa, em virtude do trabalho ou das obrigações diárias. Para Dumazedier, portanto, o lazer seria o antídoto à fadiga e, para tanto, caberia buscar o lazer para conseguir recuperar as energias. Isso não significa necessariamente dormir. No caso de uma pessoa desgastada por causa da tensão vivida em um escritório ou nos estudos, seu lazer estaria mais ligado aos interesses físico-esportivos do lazer. Já um trabalhador braçal, para descansar, poderia compensar o esforço com atividades intelectuais, como ler um livro.

A segunda função, a diversão, seria o antídoto ao tédio. Nesse caso, entende-se que a busca por entretenimento e recreação reflete a necessidade humana de variar as experiências de sua vida normal. Logo, o divertimento é essencial para diversificar o que cada pessoa sente e conhece. Nesse sentido, essa função deve representar uma ruptura com o cotidiano. A diversão pode ser obtida pela mudança de paisagem, de ritmo e de estilo. O importante é que seja um contraponto à realidade, permitindo ao indivíduo ocupar-se com experiências animadoras.

Já a terceira função, o desenvolvimento pessoal, reforça que o lazer não apenas combate o cansaço e o tédio. Ele também é um momento privilegiado, embora não o único, para cada pessoa aprimorar seu potencial. É no lazer que muitas pessoas buscam formas alternativas de realização. Isso pode ser percebido quando se observam pessoas que se dedicam com seriedade ao lazer, seja no esporte amador, seja no teatro comunitário, seja na participação em cursos para aumentar sua qualificação como ser humano.

Por fim, Dumazedier (1999) propõe a **sociologia empírica do lazer** baseada na **teoria sociológica da decisão**. Trata-se de uma sociologia empírica porque requer que se investigue a realidade e de uma teoria da decisão porque o produto dessa investigação deve conduzir a uma intervenção. De fato, para Dumazedier, os sociólogos apenas criticavam a reprodução da injustiça social que ocorria no lazer, enquanto os recreadores apenas estavam preocupados em divertir as pessoas, sem buscar fundamentação teórica para o que faziam. Assim, sua proposta implica conhecer a sociedade na prática (por isso empírica) e desenvolver estratégias para transformar aquilo que é injusto na realidade. Desse modo, a ciência deve ser voltada à prática, e toda prática precisa de uma teoria para embasar uma tomada de decisão.

O autor, nesse sentido, apresenta diferentes métodos para possibilitar a aplicação de sua teoria à prática. Um deles é chamado de **treinamento mental**. Esse método consiste em, primeiramente, identificar um problema na realidade e, depois, seguir o roteiro descrito no Quadro 5.1.

Quadro 5.1 Método para organizar soluções na teoria sociológica da decisão

Pensamento	Ativa seu lado	Você busca	E se transforma em
1. Probabilístico	Pesquisador	Dados sobre o problema	Conhecimento
2. Axiológico	Filósofo	Causas e consequências	Reflexões éticas
3. Teleológico	Gerente	Objetivos para mudar	Decisões práticas
4. Instrumental	Recreador	Ações mais eficientes	Soluções criativas

Vejamos um exemplo: 1) Em um projeto social esportivo, apenas 20% das crianças são meninas. 2) Elas precisam ficar em casa ocupando-se com tarefas domésticas. Isso é uma desigualdade de gênero e precisa ser mudado. 3) Os gestores do projeto propõem uma campanha de conscientização dos pais e consulta às meninas. 4) Os profissionais do lazer adéquam o horário e a programação para que as meninas possam praticar esporte.

No início, você não conseguirá contemplar todas essas etapas, mas já sabe que a resolução de problemas vai do conhecimento empírico da realidade, passando pela análise teórica e gerencial, até chegar à intervenção. Por vezes, identificamo-nos apenas com uma esfera, daí a importância de formar parceria com pessoas que dominem as outras dimensões.

Logo, cabe a você "transformar a situação ao invés de sofrê-la" (Camargo, 2016, p. 147). O pensamento de Joffre Dumazedier está voltado à prática. Lembre-se de que a proposição dele para os interesses culturais do lazer (artísticos, manuais, físico-esportivos, intelectuais, sociais) pode ajudá-lo a planejar atividades diversificadas. Vale destacar também que o principal continuador dessa proposta no Brasil, Luiz Octávio de Lima Camargo, acrescentou a essa tipologia os interesses turísticos. Ainda, como vimos anteriormente, já se fala nos interesses virtuais do lazer e no desenvolvimento de práticas corporais inspiradas nos *webgames* (Schwartz; Tavares, 2015). Assim, o legado de Dumazedier continua possibilitando novas formas de pesquisar e agir sobre o lazer.

Indicação cultural

SILVA, J. V. P. da; SILVA, D. S. (Org.). **Lazer, vida de qualidade e direitos sociais**. Curitiba: InterSaberes, 2020.

Nessa obra, são apresentadas discussões sobre o lazer na atualidade, enfocando-se relações específicas entre o lazer com ócio (viver bem), o futebol, o envelhecimento, um estilo de vida saudável, os interesses culturais, o jogo, a escola, a inclusão e a diversidade. Destacamos, em especial, o Capítulo 7, intitulado "Teorias do lazer: entraves e perspectivas", que aprofundará sua capacidade analítica de estudar cientificamente o lazer como fenômeno sociocultural.

5.3.2 Abordagens socioculturais sobre o lazer no Brasil

Os primeiros estudos sistemáticos sobre o lazer no Brasil surgiram com a crescente urbanização do país. Autores como Acacio Ferreira e Arnaldo Süssekind investigavam formas de ocupação do tempo livre pela população. As pessoas vinham do campo com costumes próprios, havendo a preocupação das autoridades com a rusticidade de seus modos de diversão. Por isso, era comum na época que os governos criassem formas de controlar as manifestações populares, impondo a recreação norte-americana como um novo modelo – mais civilizado – de lazer. Porém, eram poucas as publicações, as quais tinham mais uma finalidade direta de controle social (Peixoto; Pereira; Freitas, 2010).

A partir de 1969, os estudos do lazer começaram a se organizar e sofrer influência dos pesquisadores europeus. Entre os primeiros pensadores da questão do lazer no Brasil, chama atenção o sociólogo Renato Requixa, que promoveu, por meio do Serviço Social do Comércio de São Paulo (Sesc-SP), a tradução de diferentes obras de Joffre Dumazedier, além da realização de pesquisas, congressos e ações comunitárias voltados à disseminação do lazer no Brasil.

Nos anos 1970, as pesquisas sobre lazer se concentravam em duas cidades: Porto Alegre e São Paulo. Os pesquisadores gaúchos, ligados à Pontifícia Universidade Católica do Rio Grande do Sul (PUCRS) e à Universidade Federal do Rio Grande do Sul (UFRGS), estavam mais preocupados com o lazer como forma de educação e mobilização da sociedade. Já os pesquisadores paulistas, sediados no Sesc-SP, investigavam a relação do lazer com a cultura e a sociedade.

Nos anos 1980, autores como Luiz Octávio de Lima Camargo, Antonio Carlos Bramante, Heloisa Turini Bruhns e Nelson Carvalho Marcellino começavam a despontar como referências acadêmicas nacionais. Camargo apresentou o turismo como um interesse cultural do lazer. Bramante propôs críticas à pretensão de estarmos vivendo uma civilização do lazer; no máximo, seríamos uma civilização com lazer. Bruhns apontou a importância do lúdico como essência cultural do lazer e, posteriormente, inaugurou as pesquisas sobre lazer (e aventura) na natureza.

Por sua vez, Marcellino se tornou o autor mais citado na área tanto por sua definição de lazer – "cultura vivenciada no tempo disponível" – quanto pela crítica às vertentes funcionalistas do lazer. Segundo o autor, parte das produções intelectuais da área não compreende o lazer em sua "especificidade concreta", ou seja, o lazer situado no contexto. Com isso, haveria uma falta de criticidade nos estudos, reproduzindo-se a visão do lazer como algo alienante, que cumpriria a função social de reproduzir as desigualdades sociais.

Com relação às vertentes funcionalistas do lazer, Marcellino (1990) identificou quatro formas mais presentes nas práticas e nos discursos. Trata-se das vertentes romântica, moralista, utilitarista e compensatória. Observe se alguma dessas vertentes está presente em sua visão de lazer:

- **Vertente romântica**: desconsidera a dinâmica cultural e trabalha com a dicotomia entre lazer bom e ruim.
- **Vertente moralista**: analisa o lazer em termos de certo × errado ou bem × mal.
- **Vertente utilitarista**: tem o lazer como elemento importante a partir do momento em que ele gera lucros ou benefícios, ou seja, assume uma utilidade para se obter algo.
- **Vertente compensatória**: justifica o lazer como necessário apenas quando se perde algo, como uma forma de compensar o que não está bem.

Para os adeptos da vertente romântica, existiria um lazer que é puro, belo e edificante, como o *ballet*. No outro extremo, estariam os gostos populares, tidos como feios, sujos, inadequados, a exemplo do *funk*. É comum ouvir de pessoas que têm essa visão de que o lazer de hoje não presta, pois as crianças não sabem se divertir de forma saudável, como antigamente. Essa vertente é romântica porque não admite que o mundo muda e que muitas práticas tidas como mais sofisticadas, como o *jazz*, já foram um dia vistas como impróprias. Enfim, esse romantismo é congelado no tempo e faz julgamentos elitistas sobre o lazer.

Já no âmbito da vertente moralista, cria-se uma batalha entre o bem e o mal. Cabe às pessoas corretas cultivar o lazer saudável, que não apresenta vícios. Assim, há uma condenação não apenas ao lazer, mas também aos seus praticantes. É usual que os moralistas condenem o lazer dos outros: "Pessoa que gosta de cassinos é viciada em jogos"; "Quem vai ao Carnaval é pervertido sexual"; "Os jovens devem ser proibidos de praticar capoeira, senão vão virar malandros"; "O MMA (artes marciais mistas) é violento e deve ser proibido" etc. Note que, nessa vertente, se produz socialmente o "lazer desviante", tudo o que não cabe na moral dominante e, portanto, deve ser banido.

"Lazer é dinheiro", dizem os utilitaristas. Desse modo, essa vertente ressalta os benefícios que o lazer pode proporcionar. Um exemplo é o governante que realiza uma rua de recreio no bairro. Ele está pensando em votos ou está fazendo sua obrigação de garantir o lazer como um direito social? Quando alguém convida esse mesmo político para um churrasco, é porque gosta da companhia dele ou é porque há algum interesse oculto? Assim, o prazer em si de vivenciar o lazer e a gratuidade em aderir a uma recreação se perdem na necessidade de encontrar alguma utilidade para essas práticas. Mesmo que tenhamos algum objetivo com o lazer, é importante não o reduzir a uma função.

Para finalizar, Marcellino critica a vertente compensatória como mais uma forma de não intervir nos problemas da sociedade. O lazer é usado para mascarar a realidade. Em vez de as pessoas identificarem as causas de suas dificuldades, elas acabam compensando suas frustrações no lazer. Um exemplo é o caso em que se procuram as bebidas alcoólicas como uma fuga da realidade, enquanto elas são muito mais interessantes para celebrar conquistas e alegrias. Lazer é uma parte da vida, e sua fruição por vezes ajuda a fortalecer a pessoa no enfrentamento das angústias cotidianas. Todavia, não se pode acreditar que o lazer possa ser remédio quando o resto da vida está permanentemente doentio.

Na atualidade, os estudos do lazer no Brasil são bastante reconhecidos e já existe uma ampla produção materializada na forma de livros e artigos, além da organização de pesquisadores da educação física preocupados com essa dimensão.

5.4 Inquietações contemporâneas sobre o ócio e o lazer

Alguns estudos em particular têm representado a possibilidade de contestação em face das teorias do lazer mais convencionais. De um lado, há autores como Michel Foucault, Chris Rojek e Michel Maffesoli que nos permitem desconstruir as verdades socialmente aceitas sobre o lazer. De outro lado, para autores de origem ibero-americana, a categoria *lazer* – justamente pelas críticas feitas pelos autores já citados – não seria o melhor termo para pensar o tempo livre. Assim, há uma retomada da categoria *ócio* como o termo que melhor expressa o ideal de liberdade.

5.4.1 Desconstruindo o lazer

Você já sabe que o lazer é qualquer manifestação cultural que se vivencia no tempo disponível (após as obrigações). Nesse sentido, atividades como empinar pipa, passear de carro ou subir em árvores podem ser consideradas lazer desde que sejam opção no tempo livre. Essa afirmação parecer estar fundamentada em todas as teorias que examinamos até agora. Você concorda?

Mas, e se as atividades forem: empinar pipa com cerol, fazer um racha de automóveis na rodovia e subir em árvores para caçar passarinhos? Nos três casos, as atividades são proibidas por lei e passíveis de prisão. A questão a saber é: elas, ainda assim, continuarão a ser lazer?

Releia as teorias clássicas e pense em uma resposta que seja cientificamente fundamentada. Caso você já tenha uma resposta satisfatória, vamos a outros exemplos:

a. Um cantor que ama muito o trabalho dele e diz que trabalhar é seu lazer.
b. Uma pessoa limpando a própria casa e ouvindo música.
c. Um presidiário ou um doente hospitalizado que ficam sem trabalhar.

d. Uma manifestação política à qual as pessoas vão fantasiadas e dançando.
e. Um advogado que, após o trabalho, leva a sério as metas do treinamento físico.
f. Um grupo que consome *cannabis* em uma praça após as aulas.
g. O torcedor que é obrigado a participar das reuniões da torcida organizada.

Com base nas teorias do lazer, você é capaz de identificar em quais situações é possível afirmar que há lazer? Segundo Parker (1978), é praticamente impossível discutir o lazer de forma neutra. Parece que os julgamentos de valor (individual ou de uma configuração social) interferem fortemente no que consideramos lazer ou não.

Foi com base em questionamentos sobre a tendência em aceitarmos como lazer apenas aquilo que cabe em nossos valores que Rojek (2005), sociólogo inglês, sugeriu que tivéssemos uma postura crítica em relação ao lazer. Dito de outra forma, talvez seja mais importante desconstruir a visão dominante de lazer, pois ela pode estar criando empecilhos para visualizarmos todo o seu alcance cultural.

Para ilustrarmos essa visão, vamos considerar uma analogia bastante interessante. A Figura 5.1 representa o lazer em nossa sociedade. No primeiro caso, a ideia central de lazer não está ameaçada, pois não há muita diferença de concepção. Está tudo literalmente enquadrado. Já no segundo, há um tipo de lazer dominante, mas há outros diferentes concorrendo pelo mesmo espaço no centro, bem como algumas práticas novas que forçam a ampliação das margens. A cultura representa essa dimensão plural e criativa da pintura do quadro, e as margens dele correspondem justamente às limitações sociais, que definem o que é central e o que é marginal em termos de lazer.

Figura 5.1 Visão hegemônica do "lazer quadrado" e visão heterogênea do "lazer transgressor"

Frame Art/Shutterstock

Se o lazer é a cultura vivenciada no tempo disponível, como conceitua Marcellino (2010), é claro que toda manifestação cultural será lazer, inclusive aquelas pelas quais você não demonstra apreço. Tanto numa imagem como na outra, a cultura será sempre dinâmica, produzindo novidades constantemente. Em algumas "revoluções culturais", consegue-se até mesmo romper as margens do quadro, fazendo com que ele mude de forma ou tamanho.

Por isso, praticar o "lazer quadrado" é uma forma de manter as coisas como estão, enquanto praticar o "lazer transgressor" é estar em busca de romper fronteiras (Parker, 1978).

Maffesoli (2012) entende que o segredo da desconstrução do lazer está em exergar o que pouco muda em cada pintura, o que ele chama de *constante antropológica*. Esse autor defende que a constante cultural do lazer está no prazer de se divertir por coisas apaixonantes e dividi-las com os outros. O autor cita o caso do movimento ecológico que prega uma reaproximação lúdica com a natureza ou a forma como as pessoas se envolvem grupalmente em coisas aparentemente fúteis.

Para Maffesoli (2012), esse "hedonismo pós-moderno" mostra que, no fundo, as pessoas estão cansadas de se enquadrarem nas formas rígidas. Até mesmo as relações com o lazer são efêmeras. A cada nova diversão, como em um *show* ou em uma gincana, as pessoas formam grupos ("tribos"), que se envolvem muito intensamente no momento, mas depois se desfazem rapidamente. O momento presente estaria voltado à busca por maior diversificação das diversões. O autor recomenda, aliás, que não se deve ficar preso a um prazer somente, pois é melhor ter várias fontes de diversão do que ser dependente de uma só.

Já para Rojek (2005), essas formas não usuais de lazer podem representar tanto inovação quanto destruição. Portanto, é mais científico admitir que o lazer pode ter uma dimensão sombria. O autor, desconstruindo a ideia de que o lazer é algo somente bom, propôs três tipos de "lazer desviante":

1. **Invasivo**: é o lazer praticado por pessoas que estão desnorteadas em um mundo complexo e perigoso. Por isso, elas fogem da realidade e refugiam-se no lazer doméstico. Vivem nas redes virtuais à medida que se afastam das relações sociais face a face. Esse lazer pode trazer consequências à saúde mental, pois torna as pessoas mais suscetíveis à depressão.

2. **Mefítico**: é o lazer utilizado como forma de as pessoas externarem seus impulsos agressivos e sexuais por meio de atividades violentas. Enquanto as pessoas que aderem ao lazer invasivo são geralmente vítimas de *bullying*, as que o praticam são adeptas do lazer mefítico (pixações, *fake news*, vandalismo, rachas, brigas de rua, assédios em transporte público, entre outros comportamento antissociais).

3. **Selvagem**: enquanto o lazer invasivo é comum em pessoas isoladas e o mefítico em pequenos grupos (gangues), o lazer selvagem predomina nos momentos de afrouxamento coletivo das normas sociais. Um exemplo típico é o Carnaval, quando as pessoas em geral adotam comportamentos excessivos incomuns em seu dia a dia.

Em suma, as tentativas de desconstrução do lazer consideram que: 1) ele é uma forma de enquadramento social das práticas culturais, determinando o que é lícito ou não; 2) o lazer acaba servindo de controle social, inclusive do lúdico; 3) nem todo lazer é moralmente aceitável.

Por fim, vale lembrar que o lazer não tem uma essência fixa; constitui-se em uma invenção para responder à nova dinâmica social em face do trabalho, o que ocorreu como consequência das mudanças culturais advindas do sistema de produção industrial no capitalismo. Como fruto da história, esse objeto se transforma. Assumida essa conclusão e se toda teoria é uma ferramenta para pensar objetivamente a realidade, estarão as atuais teorias do lazer suficientemente atualizadas para compreender a dinâmica do lazer?

5.4.2 Alternativas teóricas ao lazer

No tópico anterior, você conheceu algumas críticas ao lazer da forma como ele é estruturado na e pela sociedade. A partir de agora, veremos reflexões alternativas. A maior parte delas busca retomar conceitos da Antiguidade, como o ócio. Neste capítulo, já introduzimos esse termo, mencionando que o ócio era privilégio da classe dominante (guerreiros, sacerdotes, filósofos e governantes).

Vamos aprofundar essa questão com elementos históricos e filosóficos. Você poderá entender melhor o ócio e talvez até praticá-lo.

Ócio vem do latim *otium* e significa "não estar em um emprego". Hoje, para nós, isso é algo a ser evitado, pois precisamos ser produtivos para garantir o sustento. Porém, em seu conceito original, o ócio representava a oportunidade de se dedicar a afazeres intelectuais. Assim, tanto para os gregos como para os romanos, quem praticava o ócio estava fazendo algo (artes, filosofia, ciência, política, entre outras atividades nobres). O *trabalho*, palavra que vem do latim *tripalium* (nome de um instrumento de tortura), era considerado aquilo que exigia esforço braçal e era repetitivo.

Para viver o ócio naquela época, era necessário estar financeiramente livre da necessidade de trabalhar para obter o próprio sustento. Por isso, o ócio acabou sendo estruturado para ser um privilégio de classe e também de gênero, já que as atividades consideradas nobres eram reservadas aos homens. Cícero, um filósofo da Antiguidade, pregava o *"otium cum dignitate"*, ou seja, que o ócio levasse as pessoas de sua época a uma velhice sábia. Nesse sentido, não bastava ficar sem fazer nada; havia o desejo de se dedicar ao conhecimento e à cultura, como forma de desenvolvimento da alma.

Um dos objetivos do ócio era alcançar a *eudaimonia*, termo grego para designar a tranquilidade da alma. Era necessário, para isso, que cada cidadão adotasse "cuidados de si", de modo a treinar o autocontrole. Assim, com vistas ao pleno aproveitamento do ócio, foram desenvolvidas filosofias de vida. As principais foram o estoicismo e o epicurismo, definidos a seguir:

- **Estoicismo**: a sabedoria é alcançada por meio do controle do ócio, que leva à capacidade de não se perturbar pelas vicissitudes da vida. Pelo contrário, o estoico encara as dificuldades como parte de seu destino. Não se deixar levar pelas tentações mundanas é outra característica do ócio estoico. Por isso, os estoicos procuram o contato com a simplicidade da natureza, sempre buscando a virtude e evitando o vício.
- **Epicurismo**: para essa doutrina, a realidade é feita de matéria. Logo, se não há a garantia de outra vida, a atual precisa ser aproveitada. Não cabe deixar-se perturbar por medos ilusórios. As pessoas tranquilas e que sabem controlar seus desejos são as que melhor aproveitam o ócio.

Portanto, é preciso enfatizar os prazeres moderados ou, pelo menos, buscar prazer de forma equilibrada.

Em comum, ambas visavam que a pessoa fosse capaz de dominar seus instintos. Logo, o ócio não poderia ser desfrutado sem reflexão e moderação. Uma terceira filosofia, o **hedonismo**, pregava a entrega aos prazeres corporais, uma vez que, para seus adeptos, o prazer era o bem maior a ser buscado na vida.

Hoje, Maffesoli (2012) entende que a sociedade vive uma fase de hedonismo pós-moderno, pois as pessoas estão mais focadas em viver o presente e há um aumento na valorização do prazer em diferentes instâncias da vida. Esse entendimento hedonista parece estar presente nas novas formas de sociabilidade, mais instantâneas e menos rígidas.

Por meio das novas tecnologias, as pessoas podem compartilhar gostos em comum, criar comunidades, estar juntas fisicamente em torno do prazer que compartilham e, depois, retornar ao cotidiano. Para isso ter acontecido, é porque o lado emocional passou a ser importante na tomada de decisões. Nesse sentido, para muitos, o lazer se tornou insuficiente pois está restrito ao tempo livre. O hedonismo se transformou em um estilo de vida e determina que o prazer não deve mais ficar restrito ao lazer. A isso Maffesoli (2012) chama de "estetização da vida".

Já outros autores, como Domênico De Masi, conseguem ver nessa transição de comportamento uma possibilidade de melhorar a qualidade do trabalho. De um lado, há a **ociosidade**, que é a falta do que fazer, como pode ocorrer com quem está desempregado. A cada dia, a automação extinguirá muitos empregos e haverá mais gente na ociosidade. Qual seria a solução?

De Masi (2000) argumenta que novas profissões surgirão. Todavia, serão em áreas que envolvem a emoção e a criatividade. Logo, para sobreviver neste novo momento, o tempo de trabalho vai ter menor importância. O que será valorizado é o quanto se consegue inovar. Para o autor, muitas pessoas já vivem um novo tipo de ócio: combinação de trabalho com pausas para fazer outras coisas como forma de aprimorar a criatividade.

Assim, o "ócio criativo", conforme De Masi (2000), é o uso do tempo livre para o aprimoramento pessoal e a entrega diversificada a atividades de lazer com o propósito de aumentar a criatividade no trabalho. Por sua vez, o sucesso profissional garantirá mais possibilidades de desfrutar o ócio criativo, em patamares superiores de qualidade. Enfim, quanto mais criativo for o ócio, melhor ficará o trabalho. Uma frase atribuída a Confúcio (citado por De Masi, 2000) pode ilustrar essa visão: "Trabalhe em algo que você realmente goste, e você nunca precisará trabalhar na vida".

Por fim, uma das alternativas teóricas ao lazer, considerando-se a categoria *ócio*, é proposta por Manuel Cuenca Cabeza (2018). Importante ressaltar que na língua espanhola não existe a palavra *lazer*. Logo, em muitos autores, os termos *ócio* ou *ócio ativo* podem surgir somente como sinônimos de *lazer*. Contudo, Cuenca Cabeza e muitos pesquisadores da Rede Otium apresentam o termo *ócio* como algo diferente de *lazer*. Para eles, o lazer consiste nas atividades realizadas no tempo livre. Já o ócio seria um valor. Por isso, Cuenca Cabeza utiliza muito o termo *ócio* junto a algum adjetivo (*valioso*, *humanista*, *autotélico*, entre outros).

Cuenca Cabeza (2018) advoga que as pessoas devam se preparar para o ócio da mesma forma que se educam para o trabalho. Um exemplo é a aposentadoria: quando muitas pessoas deixam o emprego, perdem sua referência (a rotina, os colegas, a identidade). A depressão nessa fase da vida é muito comum. Assim, caberia aos profissionais de educação física a humanização do idoso, visando à sua transição para o ócio em vez de para a ociosidade.

Ócio significa, portanto, um estado de espírito em face da realidade. Cuenca Cabeza (2018) lembra que civilizações avançadas, como a grega, viam no ócio um valor em si mesmo. Como o fim maior do ser humano é a felicidade, é preciso cultivá-la com o desenvolvimento da inteligência e da liberdade. Tomar decisões precipitadas não coloca ninguém no caminho da felicidade. Tampouco deixar que pessoas digam como se deve fazer para ser feliz. É preciso valer-se da autonomia para tomar decisões sábias. E é no ócio que cada pessoa melhor encontra as condições ideais para conciliar inteligência e liberdade para uma vida feliz.

5.5 Matrizes teóricas e metodologias para pesquisar o lazer

O lazer é um campo de atuação multidisciplinar, no qual a educação física tem um significativo mercado de trabalho. Em complemento, também é possível produzir pesquisas nessa área. Para tanto, é importante conhecer as principais matrizes epistemológicas: positivismo, fenomenologia, materialismo histórico-dialético, e pós-estruturalismo. Também trataremos de estratégias e abordagens emergentes de pesquisa.

5.5.1 Matrizes epistemológicas

No campo acadêmico, você certamente já se deparou com afirmações como: "Esse é um estudo marxista!" ou "O autor X é positivista!". Às vezes, há muito alarde e confusão, como se uma pesquisa fosse grife ou time de futebol. Uma pesquisa pode ser de matriz positivista, fenomenológica, materialista ou ainda pós-estruturalista. Conforme o autor, a terminologia pode mudar. No entanto, esses termos não foram criados para rotular a ciência.

Há diferentes forma de conhecimento (artístico, filosófico, espiritual, senso comum). O propósito do método científico é fornecer um caminho para se chegar ao conhecimento verificável da realidade. Porém, a ciência não é só uma "receita de procedimentos" que alguém poderá seguir para obter dados. Há linhas de pensamento diferentes do que é considerado ciência. Logo, cada matriz é um programa que orienta como se produz e se interpreta o conhecimento científico.

Quando lemos alguma pesquisa, a matriz que orienta o estudo pode ou não estar anunciada. Por isso entendemos que é importante conhecer as matrizes epistemológicas. Não existe uma verdadeira. Cada uma delas tem o próprio critério de validade. A ciência produz um conhecimento que, no futuro, pode ser derrubado por uma nova pesquisa. No campo científico, não se deve ser dogmático (acreditar sem provas). O melhor é ser pragmático, ou seja, buscar o tipo de pesquisa que melhor explica uma realidade e resolve determinado problema. Todavia, é preciso manter a coerência em relação à matriz escolhida.

A matriz mais conhecida na educação física é o **positivismo**. Ela recebeu esse nome porque uma boa ciência faz afirmações (ao invés de negações) sobre a realidade. Em outras palavras, o dado precisa dizer algo preciso e generalizável. Por exemplo: "Brincadeira cantada é a recreação mais praticada no contexto hospitalar"; "45% das atividades de lazer dos adolescentes brasileiros são virtuais"; "A pobreza diminui a incidência de ócio entre os aposentados do sexo masculino".

Em todos esses exemplos, a principal preocupação é com a objetividade. Para o positivismo, contra dados não há argumentos. Quanto mais objetiva uma pesquisa for, mais ela dirá sobre a realidade. Por isso, o pesquisador deve manter-se neutro em relação ao estudo. Suponhamos que você queira fazer uma pesquisa para provar que correr é o melhor lazer. Note que há um envolvimento pessoal em tomar sua preferência pela corrida como a verdade. No âmbito do positivismo, isso não é pesquisa, pois deve haver objetividade, ou seja, separação entre **sujeito** (o pesquisador) e **objeto** (no caso, o lazer).

Desse modo, pesquisas positivistas geralmente são encontradas quando se quer descobrir o efeito ou a associação que se estabelece entre duas variáveis. No Brasil, há importantes estudos sobre o que se denomina *lazer ativo*. Busca-se identificar se a atividade física no lazer interfere na saúde do trabalhador. Esse tipo de estudo funciona assim: primeiro, parte-se de uma constatação de que muitas profissões exigem pouco gasto calórico e há um aumento do sedentarismo entre os trabalhadores; depois, cria-se a hipótese de que a atividade física no lazer pode compensar esse problema. São acompanhadas diferentes pessoas em seu tempo livre para saber se há uma correlação positiva entre lazer e exercício. Com base nos resultados obtidos, são estabelecidas as conclusões.

A segunda matriz científica é a **fenomenologia**. Ela enfatiza como fonte do conhecimento a percepção subjetiva e faz uma crítica à pretensão do positivismo de alcançar a verdade, uma vez que nem toda realidade é objetiva. Um exemplo é o "membro fantasma": após amputamento, a pessoa continua a sentir aquela parte do corpo, inclusive dor; o membro não existe, mas a dor é real. Como explicar isso? Para a fenomenologia, o dado positivista se resume a afirmar o óbvio: "a pessoa não tem a perna e sente dor". Contudo, o mais importante é saber o que significa (como acontece) esse fenômeno (dor em um membro inexistente).

Logo, para algo existir, ele precisa ser percebido. O dado não fala por si próprio. Na matriz fenomenológica, o pesquisador desvela o significado do fenômeno, sem separações entre objetivo e subjetivo. Como consequência, admite-se que a experiência de quem pesquisa interfere na escolha do objeto e na análise. Assim, por exemplo, uma pesquisadora terá mais motivação e domínio técnico se for investigar um lazer que já conhece. No entanto, terá de conhecer os próprios limites possíveis em função dessa proximidade com o fenômeno.

Rodrigues, Lemos e Gonçalves Junior (2010) ensinam os passos para se estudar o lazer de forma fenomenológica:

1. Identificar o fenômeno. Por exemplo, em Recife (PE) as mulheres criaram um grupo de *parkour* só para elas.

2. Descrever o fenômeno. Por exemplo, observar e entrevistar as *traceuses* (mulheres praticantes de *parkour*).
3. Compreender os significados dados ao fenômeno. Por exemplo, o que significa fazer o *parkour* em um grupo exclusivo para a praticante mulher.

Concluída a análise fenomenológica (do fenômeno por ele mesmo), é importante contextualizar a percepção das pessoas estudadas. Logo, uma característica dessa matriz é que a fundamentação teórica sobre o fenômeno só ocorre depois da análise dos dados. Espera-se que isso diminua a tendência em enquadrar a realidade na teoria. Ao contrário, a fenomenologia espera que a melhor explicação da realidade seja sua própria descrição. A realidade vem primeiro e ela dirá qual teoria é mais apropriada para não cair no subjetivismo. Assim, no exemplo dado, primeiro, deve-se compreender a percepção da pessoa amputada e, depois, investigar a teoria neurológica que explica aquele fenômeno.

A terceira matriz é a **materialista histórico-dialética**. É materialista porque não existe causa sobrenatural para a realidade. Em consequência, se o mundo é concreto, tudo tem início, desenvolvimento e fim (história). Se o mundo é material e está continuamente em transformação, a ciência precisa observar as leis desse movimento de tese-antítese-síntese (dialética).

Façamos um pequeno exercício de reflexão sobre essa matriz. Imagine, por exemplo, o estilo de jogo do brasileiro conhecido como *futebol-arte*. Essa é a tese, a realidade predominante, construída culturalmente na forma como o brasileiro se apropriou do futebol (cuja origem é o Reino Unido). Para enfrentar esse estilo de jogar, outras seleções desenvolveram uma antítese, o *futebol-força*. Na atualidade, as melhores equipes do mundo conseguem ser uma síntese entre a qualidade tática do futebol-arte e a preparação física do futebol-força. Isso ocorre porque o futebol é um espetáculo mais rentável se combinar a beleza do jogo com bons resultados.

Nesse exemplo, identificamos a dimensão material, histórica e dialética do futebol. Com o positivismo, é possível saber, com precisão, que o futebol é o lazer esportivo praticado por 59,8% da população. Pela fenomenologia, podem-se compreender os significados de essa ser uma atividade emocionante para tanta gente. Já para o materialismo histórico-dialético, o pesquisador precisa discutir as determinações culturais, políticas e econômicas sobre o futebol.

Como não existe conhecimento desinteressado, é necessário utilizar perguntas orientadas pelo método. Para tanto, são empregadas muitas categorias de análise para dar criticidade às investigações: trabalho, contradição, luta de classes, mais-valia, alienação, fetiche da mercadoria, entre outras. Em uma perspectiva marxista, seria possível, por exemplo, discutir se o futebol é o "ópio do povo", ou seja, uma distração para fazer a classe proletária descontar suas frustrações e não se mobilizar pelos direitos sociais.

Por fim, o **pós-estruturalismo** propôs uma crítica ao que chama de *metanarrativa*, isto é, a pretensão da ciência em fornecer uma explicação universal a aspectos da vida que têm uma lógica própria regional. Essa crítica é dirigida principalmente ao marxismo e ao positivismo, por não considerarem o fato de que aspectos estruturais variam conforme o grupo social.

O lazer parece ser um objeto que cabe nessa questão. Podemos pressupor que existe um sentido universal de lazer mesmo que em várias culturas não exista sequer uma palavra para designar essa prática? Os estudos pós-estruturalistas estão, nesse sentido, mais preocupados com a existência de uma subcultura própria de lazer para cada grupo social. Variáveis como etnia, raça, gênero, sexualidade ou identidade cultural parecem ser tão importantes para a compreensão do lazer quanto o nível de gasto calórico da atividade ou a condição econômica do praticante.

Isso não significa que o pós-estruturalismo negue a possibilidade de se produzir conhecimento científico. Todavia, essa perspectiva considera possível que a ciência construa mais de uma verdade sobre a realidade social. Para essa matriz, conhecer o lazer requer descrever a multiplicidade de versões, incluindo aquelas que são incompatíveis entre si. Isso amplia a possibilidade de combinação de procedimentos de coleta e análise, em consideração à complexidade da realidade. Retomando os exemplos que utilizamos, podem coexistir como verdade o fato de alguém sentir uma perna e o de essa perna não existir ou pode ser possível o futebol ser, ao mesmo tempo, alienação e mobilização popular.

5.5.2 Categorias emergentes para pesquisar o lazer

Finalmente, para concluirmos este capítulo, apresentaremos algumas categorias analíticas que prometem ampliar a visão acadêmica e profissional em relação ao lazer. Categoria analítica é um conceito científico que tem um sentido específico no âmbito de uma teoria. Desse modo, não basta entender a palavra, é preciso entender todo o conjunto de fenômenos que aquela categoria consegue abranger.

Você já viu, por exemplo, que, na discussão de Bourdieu, *campo* não faz referência ao local de prática futebolística nem à área rural. Como categoria analítica, *campo* se refere a um espaço determinado e com certa autonomia no qual os agentes estabelecem relações de poder muito específicas. Assim, podemos pensar em campos como o artístico, o esportivo, o científico e o religioso, cada qual com uma lógica própria.

Vejamos, pois, algumas categorias analíticas que permitem análises específicas nos estudos do lazer: sociabilidade esportiva, mercolazer, lazer vagabundo e teoria da prática recreativa.

Sociabilidade esportiva, na acepção de Stigger, González e Silveira (2007), diz respeito à relação social que nasce, acontece e se desenvolve no contexto da prática esportiva de lazer. Como o esporte tem normas próprias de conduta social, como o *fair play* (jogo limpo), o processo de sociabilidade (interação entre pessoas) é diferenciado. Por isso que é muito comum que recreadores evitem arbitrar partidas entre pessoas que já se conhecem. Em geral, isso pode até potencializar ações violentas.

No processo de sociabilidade esportiva, os participantes criam condutas uns com os outros. Ela permite que os esportistas recreativos reforçem uns nos outros a continuidade na prática e a melhora da qualidade técnica, física e tática, além de resultar no prazer de estarem juntos. A sociabilidade esportiva proporciona redes de relação que ficam cada vez mais complexas e podem até desencadear a formação de identidades e conexões mais amplas. Isso vai desde famílias ou funcionários que formam suas equipes amadoras de futebol até casamentos entre ciclistas que frequentavam o mesmo grupo de pedaladas.

Mercolazer é um termo cunhado por Fernando Mascarenhas (2005) para se referir ao lazer na condição de mercadoria. Essa categoria permite analisar a indústria cultural para além de sua aplicação original, que eram as obras de arte reproduzidas em série. O mercolazer representa a transição do lazer ofertado como direito social ou organização comunitária para sua organização como negócio.

Em um nível mais elaborado do mercolazer estão as práticas caras que maximizam o êxtase da clientela. Parques temáticos com o padrão Disney, esportes de aventura em lugares exclusivos, cruzeiros marítimos internacionais, festas de aniversário com produção profissional ou hotéis cinco estrelas em paisagens paradisíacas exemplificam o topo do consumo do lazer como mercadoria. Nesse sentido, podemos também relacionar o mercolazer com a ideia do consumo como forma de ostentação, conforme as reflexões de Veblen (1987).

Os grupos com aporte financeiro inferior acabam seguindo a tendência por meio de atividades comercializadas com menor sofisticação. Dessa forma, o lazer vai sendo cada vez mais associado à aquisição de produtos ou serviços. A oferta pública de lazer – que é um direito social garantido na Constituição – acaba decaindo em quantidade e qualidade. Atrelado a isso, há o fato de que cada pessoa deixa de ser um cidadão que usufrui um direito para assumir a condição de consumidor.

Por fim, para potencializar os lucros, o mercolazer precisa programar quando uma atividade ficará obsoleta, sendo substituída por uma novidade. Essa dinâmica mantém as pessoas presas à necessidade constante de buscar novas aulas de *fitness* ou um novo console de *videogame*, por exemplo. Os recreadores que vendem suas atividades no mercolazer também podem ficar descartáveis caso não se atualizem.

Cae Rodrigues (2005), ao observar a dependência excessiva do mercolazer, sistematizou e propôs o **lazer vagabundo**. Basicamente, trata-se de uma estratégia pedagógica para trabalhar com os valores do ócio em ambiente natural. Para tanto, é enfatizada a experiência em vez do consumo do lazer. O autor destaca a importância de vivências facilitadoras da sociabilidade. Há uma aprendizagem sequencial que começa com estudos e atividades de iniciação ao tema. Posteriormente, ocorrem experiências coletivas na natureza, ressaltando-se a descoberta, a contemplação e a criatividade. Nelas, os participantes experimentam situações de desconforto e dificuldade em vivenciar a natureza sem o uso de tecnologias que facilitam a *performance*. Após esse programa experiencial, é o momento de reflexão e tomada de decisão.

Um aspecto importante na categoria *lazer vagabundo* é que ela não é rigorosamente uma categoria de análise, e sim uma categoria empírica. Essse tipo de categoria é voltada para a ação, para a intervenção. Dessa forma, é muito comum que, em vez de apenas estarem ligadas a uma teoria científica, as categorias empíricas estejam associadas ao que chamamos de *teoria da prática*.

Na atualidade, os estudos do lazer são reconhecidos como parte do campo científico. Já a recreação acabou historicamente vinculada à intervenção profissional. Podemos unificar lazer e recreação na teoria sociológica da decisão, de Dumazedier, já abordada neste capítulo. As dimensões probabilística e axiológica estariam mais ligadas à ciência, enquanto as dimensões teleológica e instrumental se aproximariam mais da intervenção profissional.

Outra possibilidade seria sistematizar uma **teoria da prática recreativa**. Ela explicaria o que é recreação, para que existe, como ocorre, quais são as variáveis determinantes. Seria necessário, como ponto de partida, que a comunidade registrasse as categorias empíricas advindas da prática. Que categorias o recreador utiliza ou cria para solucionar os problemas que surgem em seu campo? A categoria poderia ser expressa na forma de frase ou termo.

O termo *Tio*, por exemplo, poderia ser considerado uma categoria nativa da recreação e, na teoria da prática, ele explicaria e orientaria a relação do profissional com seu *"alter ego"*. Portanto, *tio* (como *doutor* para médicos) é um substantivo que precede e identifica um recreador: Tio Mineiro, Tia Keka, entre outros. Ainda, percebe-se que esses profissionais costumam criar um nome fantasia associado à denominação *tio*. Argumentam ser essa uma forma de diferenciar quem é o profissional e quem é a pessoa em seu âmbito privado.

Concluindo, reflita conosco: a educação física é uma área aplicada do conhecimento sobre o movimento humano. Boa parte das práticas corporais ocorre no tempo livre. Nesse sentido, interessa muito à nossa área conhecer as teorias que visam explicar o lazer, bem como adquirir conhecimentos técnicos para resolver os problemas encontrados no mercado de trabalho. Como as categorias emergentes descritas aqui o ajudam a pensar o lazer e a intervir com a recreação?

ⅠⅠⅠ *Indicações culturais*

Para se atualizar cientificamente na área de recreação e lazer no Brasil, você poderá frequentar eventos, fazer parte de associações científicas e consultar artigos em revistas especializadas. Veja a seguir algumas opções.

Entidades científicas

Associação Nacional de Pesquisa e Pós-graduação em Estudos do Lazer (Anpel)
Entidade que reúne pesquisadores e estudantes de todas as áreas do conhecimento interessados nos estudos do lazer.

Grupo de Trabalho Temático Lazer e Sociedade do Colégio Brasileiro de Ciências do Esporte (CBCE)
Grupo que trata especificamente do lazer na educação física, discutindo desde pesquisas até relatos de experiências.

Revistas

Revista Brasileira de Estudos do Lazer (RBEL)
Publicação da Anpel que divulga dossiês, ensaios, resenhas e artigos sobre lazer e temas afins.

Licere
Revista publicada pelo Programa de Pós-Graduação Interdisciplinar em Lazer da Universidade Federal de Minas Gerais (UFMG) desde 1997, com artigos, entrevistas e resumos de teses sobre lazer.

Eventos

Encontro Nacional de Recreação e Lazer (Enarel)
Maior e mais antigo evento da área, que se constitui de palestras, oficinas e apresentação de trabalhos. É recomendável tanto a profissionais quanto a acadêmicos.

Congresso Brasileiro de Estudos do Lazer (CBEL)
Evento da Anpel que enfatiza as discussões mais aprofundadas do campo científico.

▌▌▌ Síntese

Ao longo deste capítulo, vimos que teoria é uma ferramenta para pensar a realidade. Uma boa teoria possibilita que o profissional de educação física perceba elementos que geralmente ele não veria ou preveria no lazer. Todavia, as teorias não são infalíveis, porque a ciência está sempre avançando.

Como observamos, as teorias econômicas destacam a importância financeira do lazer, especialmente em virtude da indústria cultural. O tipo de consumo conspícuo no lazer indica certos gostos e possibilidades de classe, mas também pode ser indício de alienação quando existe a ilusão pelo fetiche da mercadoria.

As teorias sociológicas, por sua vez, apresentam conceitos como capital cultural, *habitus* e campo para mostrar que cada pessoa já tem predisposição a certas práticas de lazer, as quais, porém, não são naturais, e sim socialmente construídas. Essas teorias também permitem compreender a relação entre o lazer e o processo civilizador, pois as atividades miméticas agem como um descontrole controlado das emoções.

Nas teorias aplicadas ao lazer, ele é concebido como resultante de uma tripla revolução (direitos, produção e cultural) e relacionado a três funções (descanso, diversão e desenvolvimento pessoal). No âmbito da análise crítica, vimos que o lazer pode ser apropriado de forma funcionalista, nas vertentes romântica, moralista, utilitarista e compensatória. Também ficou claro que nem todo lazer é automaticamente visto como benéfico, havendo tensões entre o lazer convencional e o lazer desviante. Com isso, surgem questionamentos sobre a importância de (re) educar as pessoas para os valores do ócio em nossa sociedade.

Por fim, tratamos das matrizes que influenciam o modo como se pesquisa o lazer: positivismo, fenomenologia, materialismo histórico-dialético e pós-estruturalismo. Concluímos o capítulo examinando algumas abordagens emergentes: sociabilidade esportiva, mercolazer, lazer vagabundo e teoria da prática recreativa.

Atividades de autoavaliação

1. Muitas vezes, o agente recreativo tenta realizar uma educação para o lazer da comunidade, mas obtém pouco sucesso. De acordo com a teoria dos campos (Bourdieu), podem ser fatores para essa dificuldade:
   I. O baixo capital (econômico, social e cultural) do agente.
   II. O alto capital que a indústria cultural possui no campo do lazer.
   III. O *habitus* da comunidade.

   Assinale a alternativa correta:
   a) Somente os itens I e III estão corretos.
   b) Somente os itens I e II estão corretos.
   c) Somente os itens II e III estão corretos.
   d) Todas os itens estão incorretos.
   e) Todas os itens estão corretos.

2. Que categoria analítica é mais específica para analisar a pessoa que ostenta fotos de seu lazer em uma luxuosa estação de esqui?
   a) Mercolazer.
   b) Pornolazer.
   c) Interesses sociais do lazer.
   d) Consumo conspícuo.
   e) Sociabilidade esportiva.

3. Qual das afirmações a seguir melhor exemplifica a vertente compensatória do lazer?
   a) A parada LGBT é um desperdício de dinheiro público em festas.
   b) Voleibol para meninas e futsal para meninos.
   c) Está nervoso? Vai pescar!
   d) O lazer é importante para as crianças gastarem energia.
   e) O lazer é importante porque a indústria cultural movimenta bilhões!

4. Com relação ao ócio, o _____ prega o prazer como bem supremo, mas o _____ recomenda moderação na busca pelo prazer. Na atualidade, _____ é a forma de combinar o aprendizado no tempo livre com a criatividade no trabalho.

   As categorias analíticas que correspondem à ordem correta de preenchimento das lacunas são:

   a) hedonismo, epicurismo, ócio criativo.
   b) ociosidade, ócio, ócio valioso.
   c) lazer desviante, lúdico, indústria cultural.
   d) paganismo, estoicismo, vertente funcionalista.
   e) pornolazer, recreação educativa, pós-modernismo.

5. Leia o trecho a seguir:

   > Estudo com jovens comprovou uma relação causal entre o tipo de lazer e a busca de sensações. A participação de "pares socionormativos" (por exemplo, pais e professores) diminui a incidência de lazer desviante e aumenta a frequência de hábitos instrutivos de lazer (Formiga, 2018).

   Considerando a utilidade do conhecimento e a objetividade dos dados, podemos afirmar que essa pesquisa sobre lazer é de matriz:

   a) positivista.
   b) fenomenológica.
   c) materialista histórico-dialética.
   d) pós-estruturalista.
   e) mefítica.

Atividades de aprendizagem

Questões para reflexão

1. As impressões que temos sobre lazer estão inseridas em um conjunto de valores aceitos pelos distintos grupos sociais. Converse com algumas pessoas sobre a forma como veem o lazer em suas vidas. Com base nessas conversas, retome

o que foi estudado no capítulo e identifique quais tendências teóricas estão mais próximas dessas impressões.

2. Você pratica algum conteúdo físico-esportivo como lazer? Realiza sozinho ou em grupo? Faça a seguinte reflexão: "A partir do que aprendi sobre sociabilidade esportiva e mercolazer, como essas categorias me ajudam a compreender melhor minha vivência?".

Atividade aplicada: prática

1. Neste capítulo, você teve contato com diferentes teorias. Nesta atividade, você vai utilizá-las como ferramentas para melhorar sua compreensão da realidade e consequente intervenção sobre ela. Primeiramente, retome o conteúdo sobre a teoria sociológica da decisão (ver Quadro 5.1) e, depois, visite um equipamento específico de lazer (praça, clube etc.). Em seguida, integre conhecimento, crítica e criatividade para identificar um problema e propor soluções na realidade observada:
   I. Defina o que você identificou de limitado nesse ambiente.
   II. Fundamente as prováveis causas e consequências desse problema.
   III. Trace um objetivo que reflita a mudança desejada.
   IV. Proponha atividades ou programações para alcançar seu objetivo.

Capítulo 6

Projetos, programas e eventos de recreação e lazer

Marcos Ruiz da Silva

É muito provável que alguém que participa de algum evento ou programa recreativo não consiga dimensionar que sua experiência se constitui no resultado de um trabalho que faz parte de um complexo processo de planejamento. Nessa direção, não é incomum ouvir de um cliente ou usurário de programas ou equipamentos de lazer comentários como: "Que trabalho divertido!" ou "Você ganha para se divertir". Esse discurso, muitas vezes, é reforçado pelos próprios profissionais, quando expressam uma visão simplista do próprio trabalho que desenvolvem em afirmações como: "O importante é ser criativo", "É preciso saber improvisar" ou "Ganhamos pouco, mas nos divertimos".

Contrariando esse pensamento, neste capítulo nos propomos a apresentar subsídios que possibilitem ao profissional compreender que o trabalho na área de recreação e lazer é constituído pela elaboração de um cuidadoso planejamento e que isso requer muita dedicação.

Vejamos, então, quais objetivos buscaremos alcançar com essa abordagem:

- Compreender os princípios gerais da organização de programas de recreação e lazer.
- Identificar diferentes eventos de recreação e lazer nos âmbitos formal e não formal.

6.1 Planejamento em lazer

A execução de um jogo ou de uma brincadeira com um grupo de crianças, durante uma tarde, um programa de férias com duração de vários dias ou um grande evento para um número expressivo de pessoas, independentemente do volume de recursos que serão utilizados, do período de execução, da quantidade de pessoas, do perfil do público a ser atendido e dos objetivos a serem alcançados, exige do profissional o domínio de ferramentas de gestão que deem condições para a organização da tarefa que lhe cabe.

Cuidar dos detalhes didático-pedagógicos na execução de algumas brincadeiras para um grupo de pessoas, qualquer que seja a faixa etária, precisa estar em sintonia com o cuidado dispensado aos fatores que afetam a organização da instituição (como os gastos financeiros que serão necessários, os recursos materiais e a pessoas envolvidas durante o planejamento e a execução), com o funcionamento das demais atividades da empresa, com a atenção ao espaço físico e às pessoas que vão usufruir dos serviços prestados, entre outros aspectos.

Para isso, é indispensável familiarizar-se com os instrumentos da administração e, principalmente, habituar-se a usá-los em todas as situações em que serão oferecidos programas recreativos em uma instituição, independentemente de seu segmento – uma escola, um clube, uma academia, um centro de convivência, um hotel, um parque temático, uma colônia de férias, um acampamento ou algum outro espaço.

Conhecer e reconhecer procedimentos e ferramentas de gestão e administração não garante ao profissional uma mudança na forma da realização de seu trabalho. Para consolidar uma atuação mais estruturada, com uma visão do todo, é imprescindível criar o hábito de usar efetivamente as ferramentas e os processos organizacionais.

6.1.1 Etapas de uma organização

Primeiramente, é necessário compreender que qualquer organização deve obedecer a um roteiro, composto de planejamento, preparação, execução e avaliação.

Entre as diversas ferramentas possíveis de gestão (análise SWOT, diagrama de causa e efeito, entre outras) utilizadas para o planejamento e o controle dos processos, vale a pena apresentar com mais detalhes o PDCA, que representa um ciclo composto por quatro etapas, correspondentes ao processo de planejamento (Figura 6.1): *plan* (planejamento); *do* (execução); *check* (verificação, controle); *action* (ações corretivas e planejamento de melhorias) (Werkema, 1995).

Figura 6.1 Ciclo PDCA

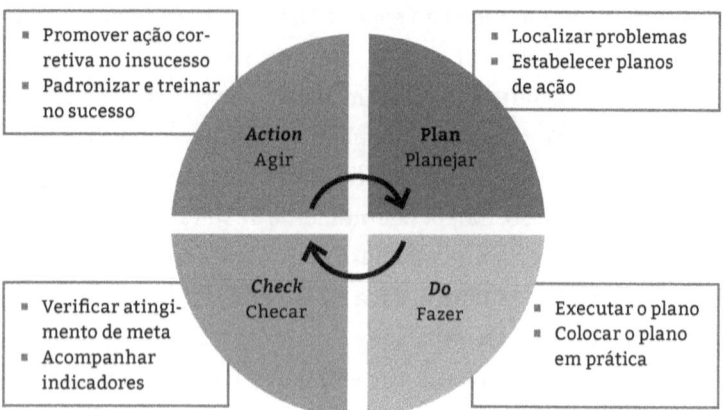

Dentro desse ciclo, o planejamento – primeira ação desenvolvida (*plan*) – é o momento de dimensionar (qualitativamente e quantitativamente) o que se pretende realizar, de deixar claro o que é realizável, equalizando-se isso entre os anseios e desejos das pessoas. Para isso, é necessário responder a estas questões: Para quem? O quê? Como? Quando? Quanto? Quem? Por quê?

Nesse caso, a proposta da ferramenta consiste em considerar o estabelecimento de metas a serem alcançadas, bem como determinar o método de trabalho que será utilizado para atingir as metas propostas e, ainda, propor melhorias para o próximo projeto.

É importante reforçar que, mesmo para a elaboração de um programa recreativo que vai acontecer somente por uma tarde ou por um período de duas a quatro horas, é preciso habituar-se a estruturar o trabalho a ser desenvolvido dentro de um fluxo de ações que contemple um ordenamento das obrigações a serem cumpridas. Isso porque, ao responder às questões de um planejamento, o profissional produzirá um cenário, adequando os recursos e as pessoas necessários às condições reais para atender às expectativas daqueles que buscam por esse serviço ou mesmo daqueles que forem levados a participar. Também será possível contar com dados que permitirão a produção de novos projetos, otimizando-se os processos ou procedimentos utilizados, os recursos empregados e os serviços prestados. Veja um exemplo no Quadro 6.1.

Quadro 6.1 Etapas de um planejamento

Questão	Indicação	Situação hipotética
O que é?	Definir o que será feito, qual atividade/evento será realizada e o que precisa ser executado.	Tarde recreativa.
Quando?	Escolher uma data específica, de preferência com um prazo que permita a organização com segurança e também com tempo hábil para mobilizar as pessoas para participar.	No período da tarde (14h às 17h) do dia 20 de novembro do presente ano.
Onde?	Estabelecer em que lugar acontecerá essa ação para definir o que é possível realizar no local, considerando-se segurança, número de pessoas e outras questões.	No espaço de convivência da praça central da cidade, ou na quadra esportiva da escola, ou no bosque do clube sociorrecreativo, entre outras possibilidades.
Como?	Definir o que se precisa fazer para a ação (atividade, evento) acontecer: lista de providências, relação de materiais que serão utilizados, reunião com a equipe de trabalho, preparação do local e limpeza após a realização do evento, pagamento de fornecedores e outras medidas.	Elaborar a programação, fazer o levantamento dos recursos necessários (materiais, físicos e financeiros), produzir o material de divulgação, entre outros (ver o Quadro 6.2, sobre o *checklist* simplificado).

(continua)

(Quadro 6.1 – continuação)

Questão	Indicação	Situação hipotética
Quem?	Estabelecer quais serão as pessoas que estarão envolvidas diretamente (recreadores, pessoal da limpeza, segurança, atores e outros) e indiretamente (setor de compras, almoxarifado e outros).	Um coordenador do evento, três profissionais para desenvolver a atividade com as pessoas, duas pessoas para acompanhar o evento e realizar a limpeza durante e após o evento, pessoal da alimentação para o preparo e a distribuição de lanches (tudo condicionado à estrutura da atividade e do evento).
Para quem?	Decidir quais pessoas vão participar da atividade/evento, considerando-se o perfil demográfico (crianças, jovens, adultos, idosos), pessoas com deficiências e também o nível de conhecimento (motor, social, cultural) que esse público apresenta.	Participarão do evento 50 crianças de 8 a 12 anos, acompanhadas dos pais. No universo dos participantes há duas pessoas com deficiência física.
Quanto custa?	Estabelecer quais serão os gastos envolvidos e estipular como eles serão supridos (orçamento da empresa, taxa de inscrição, apoio ou patrocínio de terceiros). Para uma informação mais precisa, podem ser considerados os custos indiretos (consumo de energia, valor da hora e número de horas das pessoas envolvidas) e os custos diretos (material de consumo usado no evento, pagamento de profissionais, entre outros).	O custo do evento para a compra dos materiais para as atividades, para a confecção do lanche, entre outros aspectos, ficará em R$ 1.500,00 (mil e quinhentos reais) e será coberto pelo orçamento da empresa.

(Quadro 6.1 – conclusão)

Questão	Indicação	Situação hipotética
Por quê?	Considerar a resposta a essa questão de modo a definir a dinâmica do evento, as atividades que serão realizadas, a forma de usar o local escolhido, entre outros detalhes.	Reunir as crianças da comunidade local (da escola, do bairro ou outra) para comemorar o Dia das Crianças com seus familiares.

Como mencionamos anteriormente, é necessário que o profissional que vai desenvolver programas recreativos conheça os processos administrativos que orientam a organização de trabalhos, bem como se habitue a utilizar as ferramentas adequadas para isso. Com o intuito de demonstrar que trabalhar de forma organizada é acessível a todos, no Quadro 6.2 há um modelo de *checklist* simplificado com situações hipotéticas sobre as necessidades de organização de um evento.

A segunda etapa da organização de um projeto (evento, programa recreativo ou outra ação) é o momento de colocar em prática o que foi planejado. É o período de executar (*do*) as tarefas que foram previstas no planejamento. Nessa etapa, é fundamental levar em conta o treinamento da equipe envolvida no projeto, programa ou evento.

Todo projeto precisa ser constantemente avaliado, independentemente da etapa em que se encontra, seja na fase de planejamento, seja de preparação, seja de execução. Esse cuidado permite comparar os resultados alcançados às metas estabelecidas, como o cumprimento de determinadas. Isso possibilita que o projeto seja reorientado, conforme a necessidade. Assim, controlar (*check*) o desenvolvimento de um projeto acontece durante sua execução e também após sua realização. Nesse sentido, o levantamento de dados após sua conclusão é que fornecerá subsídios para a tomada de decisão em futuros projetos.

Cabe ressaltar que, mesmo se for levado em conta que a elaboração de relatórios é um trabalho, de certa maneira, custoso para quem imprimiu certa energia durante todo o processo de organização de um evento, para a produção desse tipo de documento, é necessário ter disciplina e considerar que todas as ações durante a execução do projeto precisam estar devidamente ordenadas e baseadas em informações precisas. Isso porque o relatório é um instrumento para ser consultado sempre que forem projetadas novas edições do evento realizado, de modo a atuar (*action*) no aperfeiçoamento dos processos e garantir melhores resultados em projetos futuros.

Quadro 6.2 *Checklist* simplificado

IDENTIFICAÇÃO DO EVENTO

Evento: Tarde recreativa

Local: Área de convivência na praça central da cidade

Data: 20 de outubro (ano)

Duração: 14h às 17h

Tarefa	Responsável	Prazo	Obs.
Reunião com o grupo de pessoas responsáveis pela organização do evento para definir a estrutura, as formas de divulgação para a mobilização das pessoas e a programação.	Luiz (Coordenador do evento)	10 de agosto	Concluído
Distribuição de tarefas e definição dos prazos.	Luiz (Coordenador do evento)	10 de agosto	Concluído
Elaboração do programa.	Luiz (Coordenador do evento)	12 de agosto	Concluído

(continua)

(Quadro 6.2 – continuação)

Tarefa	Responsável	Prazo	Obs.
Solicitação de autorização para os setores competentes.	Luiz (Coordenador do evento)	12 de agosto	
Levantamento dos recursos necessários (físicos, humanos, materiais e outros) para a realização do evento.	Marcos (Setor de Recreação)	14 de agosto	
Contratação de equipamentos e profissionais para o desenvolvimento das atividades.	Gisele (Setor de Compras)	16 de agosto	
Produção dos meios de comunicação (*flyers*, *e-flyes*, cartazes, envio e *e-mail marketing*, *telemarketing* e outros).	Giuliano (Setor de Comunicação)	5 de setembro	
Reunião com equipes que executarão o programa para apresentar objetivos, metodologia do trabalho, tarefa e função de cada um.	Luiz (Coordenador do evento)	10 de setembro	
Compra de materiais.	Gisele (Setor de Compras)	5 de outubro	
Limpeza e organização do local.	Laura (Setor de Infraestrutura)	20 de outubro (manhã)	
Limpeza do local e organização do material após a realização do evento.	Laura (Setor de Infraestrutura)	20 de outubro	
Elaboração de relatório e prestação de contas.	Luiz (Coordenador do evento)	24 de outubro	

(Quadro 6.2 – conclusão)

Instruções gerais:

- **Tarefas:** descrever em detalhes as atividades necessárias para a organização do evento, desde a fase do planejamento até a fase da avaliação do evento.
- **Responsável:** registrar o nome da pessoa responsável, mesmo que ela represente um determinado setor. Evitar usar apenas termos mais genéricos, como *Departamento de Compras* ou *Setor de Almoxarifado*. O responsável é a pessoa que, pelo trabalho de seu grupo, deve assegurar que a tarefa definida foi completada.
- **Prazo:** informar o prazo-limite para que a execução da tarefa seja concluída.
- **Obs.:** especificar a situação em que a tarefa se encontra: *concluída, alterada, excluída* ou outra.

IMPORTANTE: é necessário considerar que é possível haver para cada tarefa desdobramentos que exigem acompanhamento, como: a divulgação de tarefas específicas, como a produção de uma identidade visual para o evento, o levantamento de orçamento e fornecedores, a organização de um cadastro do público a ser atingido, entre outros. Este alerta se deve à necessidade de não se subestimarem as tarefas necessárias para o planejamento, a execução, o controle e a avaliação do evento.

6.2 Estrutura de uma programação de lazer

É indispensável que cada jogo, brincadeira, *show* ou outra intervenção no campo do lazer esteja em conformidade com alguns critérios previamente determinados ou com um conjunto de variáveis que orientam a elaboração de um programa de lazer. Nesse composto, há de se levar em conta aspectos de caráter biológico, estrutural, cultural e pedagógico.

As decisões tomadas quanto à natureza, à forma e à metodologia empregadas em uma programação de lazer fazem parte incondicional do processo de planejamento, como veremos na sequência.

A definição dos objetivos a serem alcançados pressupõe a existência de um problema a ser solucionado, a existência de uma carência, algo a ser resolvido. Dessa forma, pode-se desenvolver uma ação dentro de uma proposta mais contextualizada em vez de simplesmente oferecer alguma atividade para determinado público. Mesmo que o sujeito (cliente, usuário, aluno) que participa do programa, evento ou qualquer intervenção no campo do lazer não tenha, de certa maneira, a obrigação de compreender os objetivos possíveis de serem alcançados nessa experiência, o profissional "carrega" esse compromisso, se levarmos em conta que o lazer é um espaço de intervenção pedagógica. Assim, é necessário definir o que se procura atingir com a atividade recreativa que será oferecida. Mesmo que se trate de um grupo de turistas que frequenta um hotel em uma temporada de férias em busca de diversão, há de se considerar que esse sentido de divertimento está envolvido em uma complexa trama de percepções.

Outro detalhe que não se pode ignorar é a oferta de programas recreativos por empresas, escolas ou mesmo órgãos públicos, com caráter funcionalista, seja pela necessidade de melhoria do clima organizacional, seja pela apreensão dos conteúdos das disciplinas curriculares, seja pela preocupação com a ocupação "sadia" do tempo ocioso por parte de crianças e jovens.

É essencial procurar trabalhar todos os interesses culturais do lazer (Dumazedier, 1999), mesmo que o tema do evento seja algum conteúdo muito específico, como o futebol. Assim, deve-se considerar a possibilidade de manipulação do objeto, transformando-o, de apresentação de espetáculos ou de exibição de filmes sobre a temática, bem como propor rodas de conversa sobre o tema. Isso permitirá ampliar as experiências das pessoas para além dos aspectos físico-desportivos.

Tendo em vista a diversidade de conteúdos, é viável explorar diferentes dimensões de experiências (fazer, apreciar, transformar, aprender e conviver). Desse modo, no âmbito de um mesmo programa, pode-se levar às pessoas a possibilidade de diversificar suas experiências com teatro, cinema, literatura, oficinas de trabalhos manuais, palestras, jogos, entre outros.

Considerar a oferta de diferentes opções de atividades em um programa recreativo ou de lazer exige de quem planeja atentar para a forma como as atividades serão distribuídas. A condição de escolha pode ocorrer em momentos pontuais do desenvolvimento do programa. Isso, de certa forma, permite à pessoa a "livre" opção por experiências que estejam em consonância com suas preferências.

É importante prever momentos de contemplação em uma programação de lazer, considerando-se que o interesse do participante também é motivado pela disposição em ser espectador. Nessa direção, o estímulo do lazer contemplativo não está associado somente ao teatro, ao cinema e a outras atividades oferecidas em formato de espetáculo, mas também a práticas que estejam ligadas à apreciação de fenômenos naturais, como o pôr do sol, o nascer do sol, a chuva, as paisagens e os pássaros.

A disposição do local também é uma variável que condiciona a definição da programação. Ela determina as possibilidades de ação, o volume e as características (quantitativas e qualitativas) do público. Ainda, o conhecimento e o estudo do espaço no qual será realizada a programação recreativa pressupõem a distribuição harmoniosa das atividades no local.

É igualmente relevante a identificação do perfil demográfico (informação quantitativa) e psicográfico (informação qualitativa) do público a ser atendido em uma programação de lazer. Com o controle dessa informação, geralmente com base em algum histórico de eventos anteriores, ou alguma pesquisa o profissional contará com subsídios para saber quais são os interesses e as aspirações das pessoas, qual é seu nível de habilidade em determinada atividade, quais são as experiências anteriores com programas recreativos, como está distribuído o grupo, por sexo e idade, entre outros aspectos.

O tempo pensado na perspectiva cronológica e climática está relacionado a informações sobre aspectos estruturais, como a duração do programa (aspecto cronológico) ou de alguma atividade – considerando-se a necessidade de que ela seja realizada e concluída durante um período adequado de duração – dentro de um programa, mas também transcende para a dimensão do conforto e adequação da intervenção conforme as condições climáticas, como calor, chuva, frio e vento. Tais informações vão determinar o horário de início e término, a necessidade de intervalo e a intensidade das atividades.

Neste ponto, devem ter ficado evidentes a inter-relação e a interdependência entre as diversas variáveis sugeridas. Assim, é preciso considerar as características demográficas do público, o número de pessoas, o tempo e o espaço disponíveis para a realização do programa. Essa análise apresenta um resultado que, em um raciocínio lógico, permite estabelecer o que e como desenvolver determinado programa.

Otimizar os recursos disponíveis diz respeito ao máximo aproveitamento das condições financeiras, materiais e físico-estruturais, bem como da equipe de trabalho. Outro fator a ser observado é o tempo disponível para a organização do programa recreativo. Se o controle do tempo cronológico for subestimado durante um processo de organização, o projeto pode ser inviabilizado, independentemente de haver recursos financeiros suficientes para seu desenvolvimento.

Levando-se em conta a organização de um conjunto de atividades em uma programação, há a necessidade de ordená-la em uma composição harmônica.

Apresentamos, no Quadro 6.3, uma relação de atividades e não uma programação devidamente estruturada. Já no Quadro 6.4, você vai observar uma estrutura organizada no formato de uma programação.

Quadro 6.3 Programa de atividades

Público	Crianças 4 a 7 anos	Crianças acima de 8 anos	Adultos	Livre
Atividade	Balão pula-pula Pintura Maquiagem Teatro de fantoche Cantigas de roda Piscina de bolinhas	Gincana Caça ao tesouro Caçador Circuito maluco Futsal Basquetebol Brincadeiras na piscina (peq.)	Futebol Pilates Ioga Dança de salão Dança do ventre Voleibol Hidroginástica Natação Caminhada Alongamento Tênis de campo Basquetebol Futsal (fem.) Musculação Ginástica localizada	Avaliação e orientação de atividade física Tênis de mesa Cama elástica Capoeira

Quadro 6.4 Quadro de programação recreativa

Horário	Crianças (4 a 7 anos)	Crianças (acima de 8 anos)	Adultos	Livre
9h	**Abertura** – ginástica natural			
9h 30	Cantiga de roda	Basquete	Futsal	Pilates	Dança de salão	Caminhada; hidroginástica
10h 10			Pilates	Ginástica localizada		Avaliação e orientação de atividade física e nutricional; tênis de mesa; xadrez; cama elástica
10h 40		Gincana	Gincana	Dança do ventre Basquetebol	Dança de salão; futsal (fem.)	Caminhada; hidroginástica
11h 20	Teatro de fantoche			Alongamento	Ioga	Capoeira
12h		Caça ao tesouro	Caça ao tesouro	Dança do ventre	Ioga	Hidroginástica
12h 40		Caçador	Capoeira			Hidroginástica
13h 10	**Encerramento** – alongamento				
	Permanente	Permanente	Permanente		
9h às 13h	Pintura; piscina de bolinhas; balão pula-pula		Jogos em formato de "pelada" nas modalidades de: futebol; voleibol; tênis de campo; musculação; natação		

6.3 Colônia de férias

Há dois sentidos distintos aplicados ao termo *colônia de férias*. Um deles se refere a uma estrutura físico-arquitetônica projetada para as pessoas se hospedarem por um determinado período a fim de desfrutarem de um período de férias, de um feriado ou de um fim de semana. Em nosso país, é comum entidades de classe, como associações de funcionários, manterem esse tipo de estrutura, com subsídio de seus associados, mediante pagamento de taxas de manutenção e outras. Em alguns casos, as colônias de férias contam com o subsídio integral ou parcial por parte da organização vinculada. Geralmente, essas instituições atendem aos associados vinculados ao quadro associativo. Esses empreendimentos podem ser públicos ou privados e ainda contar ou não com uma programação para o entretenimento dos frequentadores.

A segunda possibilidade são as colônias de férias que se constituem em programações organizadas para atender a um grupo de pessoas, em sua grande parte crianças, durante o período de férias. Assim, é possível encontrar escolas, condomínios, organizações não governamentais (ONGs), secretarias públicas (municipais, estaduais ou federais), clubes sociorrecreativos, empresas promotoras de eventos e empresas de diversos segmentos que oferecem uma programação para os filhos dos colaboradores em hospitais, hotéis, acampamentos de férias, além de outros espaços e segmentos, promovendo esse tipo de evento. Geralmente, a colônia de férias conta com uma programação distribuída por vários dias, podendo ser organizada em equipamentos específicos de lazer, com estrutura para pernoite e realização de refeições, nos quais as pessoas permanecem por vários dias.

As colônias de férias são eventos que vêm de longa data no cenário brasileiro. Segundo Steinhilber (1995), esses eventos tiveram como precursor o exército, cujo objetivo era levar às crianças atividades físicas para a manutenção da saúde.

Na visão de Malta (1973, p. 15), o sentido atribuído às colônias de férias na década de 1970 era o de "conjunto de atividades desenvolvidas em determinado local, por um número considerável de crianças, durante o período de férias escolares, dentro de uma organização especificamente estruturada para este fim e sob a orientação de professores de educação física".

Para esse autor, as colônias de férias tinham como princípio o desenvolvimento de atividades de caráter físico-desportivo, podendo também oferecer outras atividades de caráter cultural ou cívico.

É interessante observar que a organização de colônias de férias pode ser realizada conforme pelo menos três estratégias metodológicas. Uma primeira possibilidade é organizar programas de colônia de férias de acordo com a estratégia de grupos de interesses, em que se oferece um conjunto de atividades e os participantes se envolvem segundo o interesse de cada um. Nessa concepção, os profissionais ficam fixos nas atividades.

Uma segunda alternativa considera a organização de atividades para diferentes grupos participarem simultaneamente – em geral, distribuídos por faixa etária. Nesse caso, o professor fica fixo em uma turma, que o acompanha durante todo o período em que o evento é oferecido.

Uma terceira possibilidade consiste na integração das duas concepções anteriores. Nesse caso, os participantes são organizados em grupos que realizam as atividades sob a orientação e o controle do profissional responsável pela turma e, ainda, participam de outras atividades disponíveis cuja coordenação está sob a responsabilidade de especialistas, com o acompanhamento do professor da turma.

Não se pode afirmar que uma dessas três características metodológicas de ação – professor fixo na turma, professor fixo na atividade ou múltipla – seja uma opção melhor do que as outras. A definição pelo formato está condicionada a uma série de fatores:

o perfil do público, os objetivos a serem alcançados, os recursos disponíveis, entre outros.

Nesse cenário, existem profissionais que defendem que a organização de uma colônia de férias com o professor fixo na turma permite que este conheça melhor cada pessoa e, consequentemente, a turma, direcionando suas estratégias didático-pedagógicas conforme as necessidades, a maturidade e o desenvolvimento dela. Ainda, nesse aspecto, acredita-se que há a possibilidade de que as relações interpessoais se tornem mais consistentes.

No caso das colônias de férias em que os profissionais ficam fixos nas atividades, admite-se a ideia de que, em virtude de contarem com professores especialistas na atividade que desenvolvem, os participantes são levados a explorar ainda mais sua capacidade de aprendizagem. Também se entende que, nessa proposta, os participantes dispõem de condições para escolher o que realmente desejam fazer, garantido-se a livre participação.

É interessante destacar que, mesmo nas colônias de férias cuja programação é organizada com o profissional fixo na turma, com a programação previamente estruturada para todo o período do evento, em que os participantes são organizados pela aproximação de sua faixa etária (turma com crianças de 4 anos, turma com crianças de 5 anos ou ainda, turma com crianças de 6 a 7 anos, e assim sucessivamente), há a possibilidade de dilatar essa distribuição e permitir a interação entre crianças de várias idades. Ainda que isso não seja possível durante toda a realização do evento, em razão de questões estruturais e outras barreiras, é indicado proporcionar, mesmo que em momentos pontuais, situações de convivência entre os diferentes universos dos participantes.

As colônias de férias, na qualidade de programas recreativos estruturados, contam ainda com um potencial pedagógico significativo, independentemente dos objetivos desejados. Nesse contexto, os participantes podem ser levados à apreensão de novos conhecimentos, de caráter motor, cultural, cognitivo ou emocional. Para isso, o promotor do evento pode objetivar que as crianças tenham contato com outro idioma e desenvolver uma programação na qual será trabalhada a oralidade, a gramática, a cultura e outros aspectos do idioma estrangeiro, por exemplo.

Da mesma forma, caso a intenção do organizador seja trabalhar com a educação ambiental, é possível propor uma colônia de férias com esse tema e, na concepção da forma como serão desenvolvidos o programa e o conteúdo que vão compor a programação, desenvolver estratégias didático-pedagógicas que estejam em consonância com o que se pretende atingir.

Considerando-se a complexidade que é organizar uma colônia de férias, é recomendável atentar para os temas discutidos na Seções 6.1 e 6.2 deste capítulo.

A seguir, nos Quadro 6.5 e 6.6, apresentamos um exemplo de programação para uma colônia de férias em que se utilizou uma metodologia múltipla, com as crianças predominantemente distribuídas por grupos etários, com professores fixos e com oficinas sendo oferecidas em determinados períodos. Observe também que a programação é organizada para atender os participantes, independentemente das questões climáticas. Assim, há uma programação preparada para dias em que é possível realizar atividades ao ar livre e, ainda, um programa organizado para o desenvolvimento de atividades em ambientes fechados e restritos, caso ocorram chuvas.

Outro detalhe importante é que, mesmo com as ações predeterminadas pela organização do evento, há de se deixar clara a flexibilidade do programa, podendo haver alterações na programação.

Quadro 6.5 **Exemplo de cronograma de uma colônia de férias**

Dias	Segunda – 15/jul.		Terça – 16/jul.		Quarta – 17/jul.		Quinta – 18/jul.		Sexta – 19/jul.	
Turmas	Manhã	Tarde	Manhã	Tarde	Manhã	Tarde	Manhã	Tarde	Manhã	Tarde
3 e 4 anos	Boliche Parquinho Atividade de mímica Acerta o alvo	Customização de mochila *ecobag* Roda cotia Pega o rabo Esconde-esconde	Dia do brinquedo Parquinho Atividades com tinta guache, desenhos Pintura em quadrinhos	Contação de histórias Smiti Caça às letras Estátua Pega-serpente	Brincadeiras de bola na quadra Dança da cadeira Oficina de desenho	Vivo ou morto maluco Múmia Pela estrada afora Mãe-linha	Percurso (túnel, rolagem, pular etc.) Peteca Oficina de massinha	Cine pipoca *Quiz* de filmes de cinema Coelho saiu da toca Passando o arco Bola por cima, bola por baixo	Dança da cadeira Dança da bexiga Corrida de saco Jogos: quebra-cabeça, dominó	Apresentação de mágica A raposa e os pintinhos Pinobol Entulho de tênis
5 e 6 anos	Apresentação Passa o arco Pega-pega corrente O mestre mandou Telefone sem fio	Customização de mochila *ecobag* Estoura bola Queimada Escravos de Jó	Serpente Confecção de máscara Dança das caveiras Brincadeiras de roda Pular corda	Estafeta com bexiga Contação de histórias Oficina de E.V.A. Yapo	Ecobrinquedo Futebol em duplas Alerta Estafeta canguru Atividade com jornal	Handsabonete Pega-o-rabo Gincana Corrida com bastão Jokenpô gigante	Caça-objetos Corrida do saco Caranguejobol Amarelinha/elástico Adivinha quem é	Cine pipoca *Quiz* de filmes de cinema Mãe-cola Bola na roda Voleixiga Estátua	Festa da pantufa Oficina de cabelo maluco Qual é a música Dança das cadeiras Dança da laranja	Apresentação de mágica *Slackline* Confecção bolinhas de malabares

(continua)

(Quadro 6.5 – conclusão)

Dias	Segunda – 15/jul.		Terça – 16/jul.		Quarta – 17/jul.		Quinta – 18/jul.		Sexta – 19/jul.	
Turmas	Manhã	Tarde	Manhã	Tarde	Manhã	Tarde	Manhã	Tarde	Manhã	Tarde
7 e 8 anos	Conhecendo o amigo Bandeira da turma Pique-bandeira Stand-up comedy	Customização de mochila ecobag Oficina big hand Mímica de animais	Era uma vez Circuito maluco Dobradura Concurso de avião de papel	Jogos big hand Limpe o campo Pé na bexiga Stop gigante Seja o artista	Contação de histórias Oficina de música e instrumento Apresentação no almoço	Corrida de orientação mirim Futebol às escuras Campo minado Caçador móvel	Manhã no circo: oficina de malabares (swing), acrobacias de solo, brincando com malabares	Cine pipoca Quiz de filmes de cinema Prova musical Quiz torta na cara	Rua avenida Hora da aventura (caça ao tesouro) Brincadeiras de rua	Apresentação de mágica Hora da beleza: esmalteria para as meninas e cabelo maluco para os meninos Encerramento da turma
Acima de 9 anos	Roda dos nomes Briga de galo Campo minado Sincronismo O mal-humorado	Customização de mochila ecobag Mãe-pega de números Palavras proibidas Jogo da velha	Golfe adaptado Caça ao tesouro Efeito dominó	Gincana maluca Guerra de papel Damas humano Jogo dos sete erros	Palavras embaralhadas Maior ou menor Dorminhoco	Gincana maluca Passa ou repassa Para quem você dá o papel? Imagem e ação	Gincana maluca Jogo do Raul Gil Caçador psicodélico Jogo das máscaras	Cine pipoca Quiz de filmes de cinema Ordem secreta Corrida do equilibrista Corta corrente	Oficina de malabares Twister Pega-pega do macaco O júri	Apresentação de mágica Corrida de calcanhar Prisioneiro Tigela

Quadro 6.6 Exemplo de cronograma de uma colônia de férias – dias de chuva

Turmas	3 e 4 anos		5 e 6 anos		7 e 8 anos		Acima de 9 anos	
Dias	Manhã	Tarde	Manhã	Tarde	Manhã	Tarde	Manhã	Tarde
1º DIA	Customização de mochila ecobag Oficina de desenho	Acerta o alvo Atividade de mímica	Apresentação Passa o arco O mestre mandou	Telefone sem fio Escravos de Jó Jogo dos sete erros	Oficina cultural Circuito maluco Pé na bexiga Bola ao alto	Corrida do jornal Travessia Bola na torre Brincadeiras de rua Caça ao tesouro	Customização de mochila ecobag Imagem e ação	Dominó Enigma Papéis ao ar
2º DIA	Oficina de massinha Pintura com tinta guache	Dia do brinquedo Nunca três	Confecção de máscaras Dança das caveiras	Brincadeiras de roda Contação de histórias Oficina de E.V.A. Yapo	Acerte o número Imagem e ação Contação de histórias Você é o artista	Caranguejobol Mãe-bexiga Desvende o enigma Jogos de tabuleiro Origami	Oficina de malabares Campo minado	Dominó Enigma Papéis ao ar

(continua)

(Quadro 6.6 – conclusão)

Turmas	3 e 4 anos		5 e 6 anos		7 e 8 anos		Acima de 9 anos	
Dias	Manhã	Tarde	Manhã	Tarde	Manhã	Tarde	Manhã	Tarde
3º DIA	Contação de histórias Dança da cadeira	Dança com bexiga Estátua	Quebra-cabeça Morto-vivo Jogo da memória	Passa-anel Atividade com jornal Ecobrinquedo	Nó humano Passa-anel gigante Ginástica maluca Confecção de brinquedo reciclável	Gol invertido Jokenpô Siga a pista Corrida de dupla Nunca 3	Jogo do Raul Gil Jogo das máscaras Pega-pega do macaco	O júri Quem bebe mais em menos
4º DIA	Cine pipoca *Quiz* de filmes de cinema	Jogos pedagógicos Vivo ou morto maluco	Adivinha quem é Estátua Atividade com jornal	Cine pipoca *Quiz* de filmes de cinema Brincadeiras de roda	Jogo da memória Caça ao tênis Jogos de roda Escultor	Caixa surpresa Passa ou repassa Vôlei cego Mascote da colônia	Cine pipoca *Quiz* de filmes de cinema Passa ou repassa	Jogo dos sete erros Ordem secreta Corrida do equilibrista Corta corrente

TURMAS E PROFESSORES

Coordenação: Marcos Ruiz
3 e 4 anos – Hélia, Débora e Felipe
5 e 6 anos – Victor e Aline
7 e 8 anos – Edson e Gisele
Acima de 9 anos – Aline e Otávio

HORÁRIO DAS REFEIÇÕES:

Lanche manhã: 10h
Almoço: 12h às 13h30
Lanche da tarde: 16h

ATIVIDADES ESPECIAIS:

15/07 – Customização de mochila *ecobag*
18/07 – Cine pipoca – *quiz* de filmes de cinema
19/07 – Apresentação de mágica
Oficina de malabares, contação de histórias e oficinas de artes manuais com os professores em turmas específicas.

Esta programação é flexível e está sujeita a alterações.

6.4 Acampamentos

A principal característica dos programas recreativos na modalidade *acampamento* reside no fato de levarem a pessoa a passar uma ou mais noites para dormir fora de sua residência. Diferentemente de uma estadia em algum hotel – que também pode abrigar um evento sob a denominação de *acantonamento* –, trata-se de uma programação específica, seguindo alguns princípios que estão de acordo com uma programação recreativa.

Diferenciando-se também de um acampamento militar ou paramilitar, cujas características têm a ver com manobras de treinamento, atendimento às pessoas em caso de calamidade pública ou mesmo em caso de manobras militares em situação de segurança nacional, os acampamentos de lazer, tema deste capítulo, são programas recreativos que levam as pessoas a experiências fora do contexto do lar. Existem, em diversas regiões do país, os chamados *acampamentos de férias*, que se constituem em equipamentos específicos de lazer com estruturas físico-arquitetônicas muito semelhantes às de colônias de férias ou mesmo a de hotéis de lazer. Há ainda, como espaço físico destinado ao ato de acampar, os acampamentos para a fixação de barracas ou *trailers*. Esses acampamentos, geralmente localizados próximo a atrativos naturais, como praias, montanhas e outros, contam com uma diversidade estrutural significativa que pode abranger banho e sanitários e até mesmo sauna, piscina, restaurante e outros serviços.

Tratando-se especificamente de acampamento como programa recreativo, é razoável considerar quatro modalidades: acampamento, acantonamento, bivaque e *day camping*. Cada uma define a relação da pessoa que acampa com a experiência.

Ao se fazer referência à modalidade *acampamento*, a principal distinção em relação às demais modalidades está na estadia, ou pernoite, protegida por uma barraca ou tenda. Nessa linha, há ainda o acampamento selvagem, realizado em lugares sem infraestrutura física, exigindo que os campistas disponham de todos os equipamentos.

Apesar de o acampamento selvagem colocar a pessoa em um contato mais íntimo com a natureza, deve-se considerar o impacto que essa ação poderá provocar sobre o meio, levando-se em conta o número de participantes e o número de dias que estes permanecerão no local. Mesmo contando com equipamentos e tecnologia que dispensem a necessidade de utilizar a vegetação para fazer fogueiras ou para construir pequenas estruturas, algumas providências para garantir um mínimo de conforto exigirão a alteração do meio natural, como a construção de latrina ou canaletas para evitar infiltração nas barracas, por exemplo.

A modalidade *acantonamento* é aquela em que o campista usa como local de abrigo uma estrutura física permanente ou semipermanente, como no caso de construções provisórias. Essas instalações podem ou não ser preparadas ou adaptadas para essa finalidade. Muito usado como programa extracurricular pelas instituições de ensino, o acantonamento requer que as escolas adaptam as estruturas escolares para atender os alunos. Nesse caso, os alunos repousam nas salas de aula adaptadas, em colchões, e participam das atividades do programa, durante uma noite e um dia, por exemplo.

É provável que a modalidade *bivaque* seja a que coloca o campista em um contato mais vulnerável com a natureza. Pela sua forma rudimentar, utilizando um saco de dormir ou mesmo sob uma tenda, a pessoa passa a noite sem a proteção de uma barraca.

Ainda que o *day camping* seja um programa recreativo que tem como princípio levar o sujeito ao contato com a natureza, essa modalidade não prevê o pernoite no local em que são desenvolvidas as atividades. Nesse caso, o participante também não é caracterizado como campista, apesar de poder contar com uma programação, momentos de banho e refeição. Mesmo que a programação tenha a duração de um dia prolongado, ao final desse período, as pessoas retornam ao lar.

Independentemente da modalidade de acampamento, é interessante considerar que, ao optar pelo acampamento, há supostamente alguns princípios político-filosóficos que dão sentido à experiência, conforme o propósito de aproximar o indivíduo da natureza. Dessa maneira, conteúdo e forma devem estar em sintonia com a motivação para promover experiências de lazer na natureza.

6.5 Rua de recreio e festivais recreativos

É muito provável que as crianças do século XXI não tenham ouvido falar, como ouviram as crianças do século XX, sobre uma rua de recreio. Muito próprias do Esporte Para Todos (EPT)[1], as ruas de recreio "invadiram" diversas cidades do país para levar às pessoas uma diversidade de atividades recreativas. Com o objetivo de atender à comunidade, as ruas de recreio mobilizavam um grande conjunto de pessoas que participavam desse evento.

Em sua programação, grande parte das atividades de caráter físico-desportivo era realizada em estações com duração determinada. Apesar de não ser mais comum, a ideia era controlar a participação da pessoa em diversas atividades, organizadas por etapas e controladas por tempo. Assim, em uma rua de recreio com duração de 4 horas, é possível imaginar que alguém participe de, pelo menos, 6 atividades de 30 minutos de duração, por exemplo, considerando-se nesse período a previsão de um tempo de organização entre uma e outra atividade, nesse caso, de 10 minutos.

---

[1] Programa desenvolvido pelo governo nas décadas de 1970 e 1980 que tinha como objetivo estimular as pessoas à prática de atividades físico-desportivas.

Um aspecto comum às ruas de recreio na atualidade é uma participação mais livre da pessoa, na qual ela não precisa submeter-se a um rigoroso controle do tempo. Nesse caso, as diversas atividades são oferecidas de forma simultânea ou em horários determinados, e o participante pode escolher de qual atividade participar e por quanto tempo.

Uma questão que merece reflexão quanto às ruas de recreio diz respeito à "invasão" dos brinquedos infláveis, de camas elásticas e outros equipamentos, os quais substituem, muitas vezes, outras práticas, como jogos com bola, provas de gincana e brincadeiras diversas. Essa tomada do tempo e espaço das programações pelos equipamentos, de certa forma, acaba por substituir a intervenção de um profissional que tem a prerrogativa de promover as atividades por uma animador que pode limitar-se a controlar o tempo de participação das pessoas nos brinquedos.

Outra forma de evento recreativo, muito semelhante às particularidades das ruas de recreio na atualidade, são os festivais recreativos. Esses eventos são constituídos pelo sentido de festa e exploram a tematização como estratégia de elaboração.

Assim, temas como festival de pipa, festival de jogos gigantes, festival esportivo, festival de "bicicletada", por exemplo, podem representar o desdobramento de uma série de atividades que giram em torno do assunto principal.

Indicações culturais

FAMÍLIA Addams 2. Direção: Barry Sonnenfeld. EUA, 1993. 94 min.

> Esse filme apresenta em sua trama a rotina de um grupo de crianças em um acampamento de verão nos Estados Unidos.

Apesar de a proposta do filme ser explorar uma imagem estereotipada dos profissionais que trabalham no acampamento e, consequentemente, da forma como conduzem a rotina das crianças, é uma excelente oportunidade para refletir sobre a atuação profissional no campo do lazer.

PERIFERISOS, lazer na área. Direção: Gustavo Batista da Silva. Brasil, 2015. 10 min. Documentário. Disponível em: <http://curtadoc.tv/curta/cotidiano/periferisos-lazer-na-area/>. Acesso em: 22 mar. 2021.

Esse documentário apresenta a relação de uma determinada comunidade com seu espaço de lazer e como a mobilização das pessoas para a conquista de uma programação recreativa contribuiu para a mudança do cenário urbano.

Síntese

Com as discussões propostas neste capítulo, procuramos demonstrar a complexidade em que estão inseridas as práticas de recreação e lazer, bem como contextualizar no universo de atuação do profissional de educação física processos administrativos e de gestão. Esse conhecimento pode assegurar melhor controle nas ações desenvolvidas e, consequentemente, garantir o alcance de resultados mais significativos, seja para a instituição que oferece os serviços e os equipamentos, seja para seus clientes.

A atenção às características de cada programação recreativa e de lazer, como colônias de férias e acampamentos, descritas neste capítulo, também pode assegurar uma definição mais adequada de procedimentos metodológicos e o estabelecimento de princípios político-filosóficos, conferindo à proposta recreativa mais condições de consolidar-se como espaço de desenvolvimento humano.

Atividades de autoavaliação

1. Considerando a ferramenta PDCA para controle de processos, faça a correlação entre a primeira e a segunda colunas:

   1) Planejar
   2) Fazer
   3) Checar
   4) Agir

   ( ) Localizar problemas; estabelecer planos de ação.
   ( ) Executar o plano; colocar o plano em prática.
   ( ) Verificar atingimento de meta; acompanhar indicadores.
   ( ) Promover ação corretiva no insucesso; padronizar e treinar no sucesso.

   Agora, assinale a alternativa que apresenta a sequência correta:
   a) 1, 2, 3, 4.
   b) 3, 1, 4, 2.
   c) 2, 4, 1, 3.
   d) 4, 3, 2, 1.
   e) 3, 4, 2, 1.

2. Para planejar uma programação de recreação e lazer, é necessário considerar um conjunto de variáveis que interferem em sua estrutura. Assinale a alternativa que corresponde ao cuidado que se deve ter ao se organizar um programa recreativo:
   a) Permitir que as pessoas possam escolher as atividades que desejam fazer.
   b) Restringir as atividades para um público que tenha extrema habilidade para realizá-la.
   c) Levar em consideração somente aspectos técnicos, como duração e disponibilidade de material, e não observar os interesses das pessoas.
   d) Trabalhar de modo improvisado, sem planejamento prévio, considerando-se que o profissional precisa ser criativo.
   e) Organizar somente provas de estafeta, considerando-se que são as mais divertidas.

3. Professor Marcos foi convidado a organizar uma colônia de férias em um clube sociorrecreativo de sua cidade. A diretoria informou que o evento se destina a atender aproximadamente 30 crianças, que são bastante dispersas em razão da faixa etária delas. Considerando essa situação hipotética, assinale a alternativa que corresponde a alguns dos cuidados necessários para atender essas crianças:

   a) Deixar as crianças livres, porque nesse período elas não gostam de atividades dirigidas.
   b) Contratar professor para atender somente as crianças mais novas, pois as maiores já têm autonomia para brincarem sozinhas.
   c) Contratar professores conforme o número de crianças e organizá-las em grupos, de acordo com a faixa etária.
   d) Locar brinquedos infláveis e cama elástica para que elas tenham condições de se ocuparem nas férias.
   e) Solicitar que os pais compareçam ao clube com as crianças e desenvolvam as atividades com seus filhos.

4. Os acampamentos podem ser considerados excelentes oportunidades para a recreação de crianças, jovens, adultos e idosos. Considerando as diferentes modalidades de acampamento, indique a mais adequada para um grupo de idosos com idade entre 65 e 75 anos:

   a) A modalidade do bivaque é a mais indicada, porque coloca os idosos em contato com a natureza, permitindo a eles que se lembrem de momentos da infância.
   b) A modalidade do acantonamento é a mais indicada, pois as condições de conforto se adéquam melhor às condições físicas desse público, sem prejuízo ao contato com a natureza.

c) A modalidade de acampamento com barracas é a mais adequada para idosos, porque permite a eles recuperar sua autonomia em relação aos afazeres diários.
d) A modalidade *day camping* é a mais apropriada para idosos, porque eles podem permanecer um longo período em contato com a natureza sem a necessidade de pernoitar em barracas, o que seria muito desgastante.
e) Não é indicado acampar com idosos, independentemente da modalidade, em virtude das inúmeras limitações que eles apresentam.

5. Imagine que a prefeitura de sua cidade pretende realizar um evento recreativo em comemoração ao próprio aniversário. O objetivo é atender a um grande público, entre crianças, jovens, adultos e idosos. Contudo, a administração pública não dispõe de muitos recursos e busca uma alternativa praticável, de acordo com suas condições. Assinale a alternativa que corresponderia à melhor opção para atender a essa demanda, considerando a situação da prefeitura e a opção que mais favoreceria a participação efetiva das pessoas:

a) A realização de um acantonamento nas escolas públicas da cidade, durante um fim de semana, disponibilizando-se alimentação e estrutura para pernoite, como colchonetes e local para banho.
b) A organização de uma colônia de férias nas escolas públicas da cidade, com duração de uma semana, por meio período, recebendo-se a população para a participação em jogos, brincadeiras, gincanas e outras atividades.
c) A organização de um festival recreativo realizado, durante um dia inteiro, com jogos e brincadeiras para toda a comunidade, oferecendo-se atividades diversas, como jogos, teatro, dança, gincanas e oficinas de trabalhos manuais.

d) A realização de um campeonato de futebol com as melhores equipes da cidade e, convidando-se toda a população para assistir ao evento.

e) A contratação de um artista de reconhecimento nacional para uma apresentação, convidando-se a população para assistir ao espetáculo, sem cobrança de ingresso.

Atividades de aprendizagem

Questões para reflexão

1. Visite alguma instituição que promove programas recreativos e de lazer. Converse com o gestor ou algum profissional responsável e procure descobrir quais atividades são consideradas no planejamento de um evento. Com essas informações, organize um *checklist* e identifique os procedimentos necessários para a organização dos eventos propostos pela instituição.

2. Visite um evento recreativo e observe, por ao menos duas horas, como as pessoas se envolvem nas atividades. Após essa observação, organize um quadro que sirva de instrumento para descrever as informações coletadas, conforme a sugestão a seguir (insira quantas linhas julgar necessário e tenha o cuidado de deixar espaço para colocar os comentários, de forma descritiva):

ATIVIDADE	CRIANÇAS	JOVENS	ADULTOS	IDOSOS	PCD

Anotações gerais:

Atividade aplicada: prática

1. Participe de um evento recreativo e anote todas as atividades que você observou. Em seguida, elabore um quadro de programação com base em suas anotações. Procure organizar esse quadro distribuindo as informações por categorias, como grupo de interesse, horários, local e outros aspectos pertinentes.

Considerações finais

Ao longo dos anos, tem sido construída uma íntima relação entre a área de recreação e lazer e a educação física. Infelizmente, a tradição biologicista desta última tem influenciado alunos e também professores e inibido a possibilidade de compreensão desse campo de estudo no currículo.

Muitas vezes confundida com uma mera brincadeira, a recrecreação é reduzida a um caráter instrumentalizado, ensinando-se aos acadêmicos um conjunto de jogos, programas e outras atividades com a prerrogativa de serem divertidos.

Nesta obra, apresentamos vários argumentos que dão sustentação à existência de uma disciplina voltada à recreação e ao lazer nos cursos de Educação Física, seja na modalidade de bacharelado, seja na modalidade de licenciatura, discutindo a dimensão histórica envolvida, os sentidos atribuídos e também o campo de atuação pertinente.

Apesar de os jogos e as brincadeiras fazerem parte de conteúdos ou manifestações presentes no cenário da recreação e do lazer, os indivíduos contam com diversas motivações que os levam a buscar em seu tempo disponível o convívio social, as festas, os esportes e outras atividades. Para compreender esse cenário, é necessário estabelecer conexões com diferentes esferas da vida social, como a segurança pública.

Ao longo dos capítulos desta obra, buscamos deixar clara a seriedade com que os elementos lúdicos devem ser tomados no contexto da educação física. Essa seriedade, embora pareça destoar da alegria que está amalgamada às atividades lúdicas, está relacionada à importância e à necessidade de valorização do lúdico, e não, especificamente, à sisudez.

Desde a exposição e o esclarecimento dos conceitos e seus significados até as variadas sugestões de aplicação prática, a preocupação desta obra foi com a ressignificação do lúdico no contexto educativo. As abordagens apresentadas facilitam a incorporação dos conceitos, e as formas pedagógicas sugeridas são de simples aplicação na prática profissional. Assim, todos os esforços foram feitos no sentido de estimular a reflexão, a crítica e a criatividade dos profissionais envolvidos nesse campo de ação.

No sentido de agregar novos conhecimentos, recomendamos que o profissional esteja sempre atento à produção de conhecimento por meio do contato constante com novos estudos desenvolvidos sobre recreação e lazer, a fim de subsidiar sua prática. As teses e dissertações produzidas representam materiais ricos e atualizados, na medida em que passam por diversos crivos antes de serem publicados. Indicamos a consulta aos portais das universidades brasileiras, que, em geral, liberam o acesso para a leitura de trabalhos acadêmicos.

Com os recursos aqui apresentados, aliados às diversas indicações de leitura feitas ao longo dos capítulos, o profissional de educação física dispõe de subsídios para elaborar e implementar programas de atividades com conteúdos ricos e diversificados. No entanto, as iniciativas pessoais para buscar complementação aos conhecimentos já adquiridos são um passo determinante para a construção de um planejamento bem-sucedido. Almejamos que a riqueza dos elementos elencados ao longo do texto possa motivar novos encaminhamentos nas ações pedagógicas, transformando as aulas em espaços de vivência de experiências críticas, criativas e significativas para a vida.

Referências

ALVES JÚNIOR, E.; MELO, V. A. **Introdução ao lazer**. São Paulo: Manole, 2003.

AMARAL, R. **Festa à brasileira**: sentidos do festejar no país que "não é sério". 2001. Disponível em: <http://www.ebooksbrasil.org/eLibris/festas.html>. Acesso em: 22 mar. 2021.

ARANTES NETO, A. A. Consumo e entretenimento: hipóteses para uma antropologia do tempo livre. **Cadernos IFCH**, Campinas, v. 27, p. 9-22, 1993.

ARAÚJO, M.; SILVA, M. C.; ISAYAMA, H. F. **O lazer nos cursos de graduação em turismo de Belo Horizonte**: visão dos coordenadores de curso. **Caderno Virtual de Turismo**, Rio de Janeiro, v. 8, n. 3, p. 104-118, 2008.

ARAÚJO, T. M. et al. Prática de atividades de lazer e morbidade psíquica em residentes de áreas urbanas. **Revista Bahiana de Saúde Pública**, Salvador, v. 31, n. 2, p. 294-310, 2007.

BOURDIEU, P. **Questões de sociologia**. Rio de Janeiro: Marco Zero, 1983.

BRAMANTE, A. C. Administração do lazer nos clubes social-recreativos: perpetuando os vícios do setor público. **Licere**, Belo Horizonte, v. 2, n. 1, p. 59-73, 1999.

BRAMANTE, A. C. Lazer: concepções e significados. **Licere**, Belo Horizonte, v. 1, p. 9-17, 1998.

BRAMANTE, A. C. Qualidade no gerenciamento do lazer. In: BRUHNS, H. T. (Org.). **Introdução aos estudos do lazer**. Campinas: Ed. da Unicamp, 1997. p. 123-153.

BRASIL. Constituição (1988). **Constituição da República Federativa do Brasil**. 36. ed. São Paulo: Saraiva, 2007.

BRASIL. Lei n. 8.069, de 13 de julho de 1990. **Diário Oficial da União**, Poder Legislativo, Brasília, DF, 16 jul. 1990. Disponível em: <http://www.planalto.gov.br/ccivil_03/leis/l8069.htm>. Acesso em: 22 mar. 2021.

CAILLOIS, R. **Os jogos e os homens**. Lisboa: Cotovia, 1990.

CAILLOIS, R. The Structure and Classification of Games. In: LOY, J. W.; KENYON, S. (Org.). **Sport, Culture and Society**: a Reader on the Sociology of Sport. London: Macmillan, 1969. p. 62-75.

CAMARGO, L. O. de L. **Educação para o lazer**. São Paulo: Moderna, 1998.

CAMARGO, L. O. de L. O legado de Joffre Dumazedier: reflexões em memória do centenário de seu nascimento. **Revista Brasileira de Estudos do Lazer**, v. 3, p. 142-166, 2016.

CARDOSO, M. C.; XAVIER, A. A. S.; TEIXEIRA, C. M. D. Olhares investigativos sobre o brincar no recreio das crianças: uma ação experiencial na infância. **Nuances: Estudos sobre Educação**, Presidente Prudente, v. 28, n. 2, p. 264-282, maio/ago. 2017. Disponível em: <http://revista.fct.unesp.br/index.php/Nuances/article/view/4604/PDF>. Acesso em: 22 mar. 2021.

CAVALCANTI, K. B. **Esporte para todos**: um discurso ideológico. São Paulo: Ibrasa, 1984.

CAVALLARI, V. R.; ZACHARIAS, V. **Trabalhando com recreação**. São Paulo: Ícone, 2000.

CSIKSZENTMIHALYI, M. **A descoberta do fluxo**: a psicologia do envolvimento na vida cotidiana. Rio de Janeiro: Rocco, 1999.

CUENCA CABEZA, M. **Ócio valioso para envelhecer bem**. São Paulo: Edições SESC, 2018.

DE MASI, D. **O ócio criativo**: entrevista a Maria Serena Palieri. Rio de Janeiro: Sexante, 2000.

DUMAZEDIER, J. **Lazer e cultura popular**. 3. ed. São Paulo: Perspectiva, 2000.

DUMAZEDIER, J. **Sociologia empírica do lazer**. São Paulo: Perpectiva, 1999.

DUMAZEDIER, J. **Valores e conteúdos culturais do lazer**. São Paulo: Sesc, 1980.

EIBL-EIBESFELDT, I. **Human Ethology**. Abingdon: Routledge, 2017.

ELIAS, N. **Introdução à sociologia**. Lisboa: Edições 70, 2008.

ELIAS, N.; DUNNING, E. **A busca da excitação**. Lisboa: Difel, 1985.

FABER, M. E. E. **Jogos de mesa na Idade Média**: tabuleiros, dados e cartas. 2017. Disponível em: <http://www.historialivre.com/medieval/jogos_media.htm>. Acesso em: 4 dez. 2020.

FORMIGA, N. S. **Base normativa da conduta desviante em jovens brasileiros**: um estudo de psicologia social da delinquência. Ilhas Maurício: Novas Edições Acadêmicas, 2018.

FRIZZO, G. F. E. Objeto de estudo da educação física: as concepções materialistas e idealistas na produção do conhecimento. **Motrivivência**, ano 25, n. 40, p. 192-206, jun. 2013. Disponível em: <https://periodicos.ufsc.br/index.php/motrivivencia/article/view/26973>. Acesso em: 22 mar. 2021.

GALLAHUE, D. L.; OZMUN, J. C. **Compreendendo o desenvolvimento motor**: bebês, crianças e adolescentes. São Paulo: Phorte, 2001.

GARDNER, H. **Inteligências múltiplas**: a teoria na prática. Porto Alegre: Artmed, 1995.

GÁSPARI, J. C. de; SCHWARTS, G. M. Inteligências múltiplas e representações. **Psicologia: Teoria e Pesquisa**, v. 18, n. 3, p. 261-266, set./dez. 2002.

GIORDANI, L. F.; RIBAS, R. P. Jogos lógicos de tabuleiro: imersão no território escolar. **Revista Didática Sistêmica**, Rio Grande, v. 17, n. 1, p. 29-42, 2015. Disponível em: <https://seer.furg.br/redsis/article/view/4947>. Acesso em: 22 mar. 2021.

GOMES, C. L. Lazer: necessidade humana e dimensão da cultura. **Revista Brasileira de Estudos do Lazer**, Belo Horizonte, v. 1, n. 1, p. 3-20, 2014.

GOMES, C. L. (Org.). **Dicionário crítico do lazer**. Belo Horizonte: Autêntica, 2004.

GOMES, C. L. (Org.). Reflexões sobre os significados de recreação e de lazer no Brasil e emergência de estudos sobre o assunto (1926-1964). **Conexões**, Campinas, v. 1, n. 1, p. 131-144, 2003.

GOMES, C. L.; MELO, V. A. Lazer no Brasil: trajetória de estudos, possibilidades de pesquisa. **Movimento**, Porto Alegre, v. 9, n. 1, p. 23-44, 2003.

GONÇALVES JUNIOR, L. Atividades recreativas na escola: uma educação fundamental (de prazer). In: SCHWARTZ, G. M. (Org.). **Atividades recreativas**. Rio de Janeiro: Guanabara Koogan, 2004. p. 130-136.

GUERRA, M. **Recreação e lazer**. Porto Alegre: Sagra, 1988.

HARADA, J. Que indústria fatura mais: do cinema, da música ou dos games? **Superinteressante**, 9 jan. 2018. Disponível em: <https://super.abril.com.br/mundo-estranho/que-industria-fatura-mais-do-cinema-da-musica-ou-dos-games/>. Acesso em: 22 mar. 2021.

ISAYAMA, H. F. **Recreação e lazer como integrantes de currículos dos cursos de graduação em Educação Física**. 205 f. Tese (Doutorado em Educação Física) – Faculdade de Educação Física, Universidade Estadual de Campinas, Campinas, 2002.

ISAYAMA, H. F. Formação profissional. In: GOMES, C. L. (Org.). **Dicionário crítico do lazer**. Belo Horizonte: Autêntica, 2004. p. 93-96.

ISAYAMA, H. F. (Org.). **Lazer em estudo**: currículo e formação profissional. Campinas: Papirus, 2010.

LOPES, L. M. B. F. **Jogos de mesa para idosos**: análise e consideração sobre o dominó. 161 f. Dissertação (Mestrado em Design e Arquitetura) – Universidade de São Paulo, São Paulo, 2009.

MAFFESOLI, M. **O tempo retorna**: formas elementares da pós-modernidade. Rio de Janeiro: Forense Universitária, 2012.

MALTA, W. **Colônia de férias**: organização e execução. Rio de Janeiro: Artenova, 1973.

MARCELLINO, N. C. **Lazer e educação**. 15. ed. Campinas: Papirus, 2010.

MARCELLINO, N. C. Lazer: concepções e significados. **Licere**, Belo Horizonte, v. 1, n. 1, p. 37-43, 1998.

MARCELLINO, N. C. **Pedagogia da animação**. Campinas: Papirus, 1990.

MARCELLINO, N. C. Políticas de lazer: mercadores ou educadores? Os cínicos bobos da corte. In: MARCELLINO, N. C. (Org.). **Políticas públicas de lazer**. Campinas: Alínea, 2008. p. 23-46.

MARCELLINO, N. C. (Org.). **Políticas públicas de lazer**. Campinas: Alínea, 2008.

MARCHI JÚNIOR, W. **"Sacando" o voleibol**. São Paulo: Hucitec; Ijuí: Unijuí, 2004.

MARINHO, A. Atividades físicas e esportivas e meio ambiente. In: **Relatório de desenvolvimento humano nacional**: movimento é vida – atividades físicas e esportivas para todas as pessoas. Brasília: PNUD, 2017. p. 1-46. Disponível em: <http://movimentoevida.org/wp-content/uploads/2017/09/Atividades-Fi%CC%81sicas-e-Esportivas-e-Meio-Ambiente.pdf>. Acesso em: 20 jul. 2018.

MASCARENHAS, F. **Entre o ócio e o negócio**: teses acerca da anatomia do lazer. 307 f. Tese (Doutorado em Educação Física) – Universidade Estadual de Campinas, Campinas, 2005.

MARX, K. **O capital**. São Paulo: Nova Cultural, 1996. Livro I, v. 1.

MELO, V. A. **Manual para otimização da utilização de equipamentos de lazer**. Rio de Janeiro: Sesc, 2002.

MOYLES, J. R. **Só brincar?** O papel do brincar na educação infantil. Porto Alegre: Artmed, 2002.

MÜLLER, A. Lazer, desenvolvimento regional: como pode nascer e se desenvolver uma ideia. In: MÜLLER, A.; DACOSTA, L. P. (Org.). **Lazer e desenvolvimento regional**. Santa Cruz do Sul: Edunisc, 2002. p. 9-40.

MUNNÉ, F. **Psicosociología del tiempo libre**: un enfoque crítico. México: Trilhas, 1980.

OLIVEIRA, A. M.; CARVALHO, G. J.; RODRIGUES, J. C. Relato de experiência de avaliação e intervenção pedagógica. **Educação: Saberes e Prática**, Brasília, v. 6, n. 1, p. 95-104, 2017.

PARKER, S. **A sociologia do lazer**. Rio de Janeiro: Zahar, 1978.

PEIXOTO, E. M.; PEREIRA, M. F. R.; FREITAS, F. M. C. Marxismo e estudos do lazer no Brasil. In: PIMENTEL, G. G. A. (Org.). **Teorias do lazer**. Maringá: Eduem, 2010. p. 103-150.

PIMENTEL, G. G. A. **Lazer**: fundamentos, estratégias e atuação profissional. Jundiaí: Fontoura, 2003. v. 1.

PIMENTEL, G. G. A.; SANTOS, S.; BOARETTO, J. D. Educação para e pelo lazer: um diálogo étnico e cultural. In: SAMPAIO, T. M. V. (Org.). **Lazer e cidadania**: partilha de tempo e espaços de afirmação da vida. Brasília: Ed. da UCB, 2014. p. 105-128. v. 1.

PIMENTEL, R. M. L.; PIMENTEL, G. G. A. Discurso do lúdico nos discursos sobre o lúdico. **Forma y Función**, Bogotá, v. 22, n. 1, p. 162-178, 2009.

PINA, L. W. Os equipamentos de lazer como cenários das experiências e das atividades no tempo livre. **Revista Brasileira de Estudos do Lazer**, Belo Horizonte, v. 4, n. 1, p. 52-69, jan./abr. 2017.

PROYER, R. T. Playfulness and Humor in Psychology: an Overview and Update. **Humor**, Oakland, v. 31, n. 2, p. 259-271, 2018.

PUPULIN, A. R. T. et al. Efeito de exercícios físicos e de lazer sobre os níveis de cortisol plasmático em pacientes com Aids. **Revista Brasileira de Ciências do Esporte**, v. 38, p. 328-333, 2016.

RAMOS, R.; ISAYAMA, H. F. Lazer e esporte: olhar dos professores de disciplinas esportivas do curso de Educação Física. **Revista Brasileira de Educação Física e Esporte**, São Paulo, v. 23, n. 4, p. 379-91, out./dez. 2009.

RODRIGUES, C. O vagabonding como estratégia pedagógica para a "desconstrução fenomenológica" em programas experienciais de educação ambiental. **Educação em Revista**, v. 31, p. 303-328, 2015.

RODRIGUES, C.; LEMOS, F. R. M.; GONÇALVES JUNIOR, L. Teorias do lazer: contribuições da fenomenologia. In: PIMENTEL, G. G. A. (Org.). **Teorias do lazer**. Maringá: Eduem, 2010. p. 73-102.

ROJEK, C. **Leisure Theory**: Principles and Practice. Great Britain: Palgrave, 2005.

SÃO PAULO (Município). Secretaria de Educação. Diretoria de Orientação Técnica. **São Paulo é uma escola**: manual de brincadeiras. São Paulo, 2006.

SCHWARTZ, G. M. O conteúdo virtual do lazer: contemporizando Dumazedier. **Licere**, Belo Horizonte, v. 6, n. 2, p. 23-31, 2003.

SCHWARTZ, G. M. (Org.) **Atividades recreativas**. Rio de Janeiro: Guanabara Koogan, 2004a.

SCHWARTZ, G. M. (Org.). **Dinâmica lúdica**: novos olhares. Barueri: Manole, 2004b.

SCHWARTZ, G. M. et al. Apropriação das tecnologias virtuais como estratégias de intervenção no campo do lazer: os webgames adaptados. **Licere**, Belo Horizonte, v. 16, n. 3, p. 1-26, set. 2013.

SCHWARTZ, G. M. et al. **Educando para o lazer**. Curitiba: CRV, 2016.

SCHWARTZ, G. M.; TAVARES, G. H. (Org.). **Webgames com o corpo**: vivenciando jogos virtuais no mundo real. São Paulo: Phorte, 2015.

SELAS, M. P. M. A sociedade perante o lazer. **Sociologia: Revista da Faculdade de Letras da Universidade do Porto**, Porto, v. 1, n. 1, p. 165-174, 2017.

SILVA, M. G. A.; HUNGER, D. A. C. F.; SILVA, L. F. Concepções de lazer, formação e intervenção profissional em programas governamentais. **Revista Brasileira de Estudos do Lazer**, Belo Horizonte, v. 1, n. 2, p. 22-37, 2017.

SILVA, M. R. **Lazer nos clubes sociorrecreativos**. São Paulo: Factash, 2009.

SILVA, R. L. et al. M. Incidência de disciplinas envolvendo lazer nos currículos de formação em Educação Física. In: CONGRESSO BRASILEIRO DE ESTUDOS DO LAZER, 3.; SEMINÁRIO "O LAZER EM DEBATE", 17., 2018, Campo Grande.

SILVA, R. L. L.; RAPHAEL, M. L.; SANTOS, F. S. Carta Internacional de Educação Física para o Lazer como ferramenta de intervenção pedagógica efetiva no campo do saber. **Pensar a Prática**, Goiânia, v. 9, n. 1, p. 117-131, jun. 2006.

SOUZA, A. S. Por uma educação para o lazer também na universidade. In: OLIVEIRA, N. R. C. (Org.). **Qualidade de vida, esporte e lazer no cotidiano do universitário**. Campinas: Papirus, 2018. p. 193-203.

SOUZA, J. de; MARCHI JÚNIOR, W. Bourdieu e a sociologia do esporte: contribuições, abrangência e desdobramentos teóricos. **Tempo Social: Revista de Sociologia da USP**, v. 29, n. 2, p. 243-286, 2017. Disponível em: <http://www.scielo.br/pdf/ts/v29n2/1809-4554-ts-29-02-0011.pdf>. Acesso em: 22 mar. 2021.

SPINKA, M.; NEWBERRY, R. C.; BEKOFF, M. Mammalian Play: Training for the Unexpected. **The Quarterly Review of Biology**, Chicago, v. 76, n. 2, p. 141-168, 2001.

STEINHILBER, J. **Colônia de férias**: organização e administração. Rio de Janeiro: Sprint, 1995.

STIGGER, M. P.; GONZÁLEZ, F. J.; SILVEIRA, R. da (Org.). **Esporte na cidade**: estudos etnográficos sobre sociabilidades esportivas em espaços urbanos. Porto Alegre: Ed. da UFRGS, 2007.

VEBLEN, T. **A teoria da classe ociosa**: um estudo econômico das instituições. São Paulo: Abril Cultural, 1987.

WAICHMAN, P. A. A respeito dos enfoques em recreação. **Revista da Educação Física/UEM**, Maringá, v. 15, n. 2, p. 22-31, 2. sem. 2004.

WERKEMA, M. C. C. **As ferramentas da qualidade no gerenciamento de processos**. Belo Horizonte: Editora de Desenvolvimento Gerencial, 1995.

WERNECK, C. L. G.; ISAYAMA, H. F. (Org.). **Lazer, recreação e educação física**. Belo Horizonte: Autêntica, 2003.

WERNECK, C. L. G.; STOPPA, E. A.; ISAYAMA, H. F. **Lazer e mercado**. Campinas: Papirus, 2001.

WHOQOL GROUP. The World Health Organization Quality of Life Assessment (WHOQOL): Position Paper from the World Health Organization. **Social Sciences and Medicine**, v. 46, n. 12, p. 1569-1585, 1998.

YAMAMOTO, M. E.; ALMEIDA, A. M. C. Brincar para quê? Uma abordagem etológica ao estudo da brincadeira. **Estudos de Psicologia**, Natal, v. 7, n. 1, p. 163-164, 2002.

Bibliografia comentada

DE MASI, D. **O ócio criativo**: entrevista a Maria Serena Palieri. Rio de Janeiro: Sextante, 2000.

A tese defendida por Domenico De Masi é a de que o homem não precisaria dedicar várias horas diárias ao trabalho dentro de uma empresa. Para o autor, o avanço da tecnologia libera a humanidade da necessidade de devotar demasiado tempo às atividades laborais. Esse livro desafia a sociedade a pensar na redução da jornada de trabalho de forma drástica. Para De Masi, as pessoas teriam mais tempo para explorar outras dimensões da vida pessoal, mais particularmente o lazer. Nessa dimensão, as experiências individuais e coletivas têm a capacidade de revitalizar as relações e de apresentar às pessoas conteúdos culturais – literatura, artes cênicas, museus, artes visuais, esportes –, conteúdos que seriam traduzidos em aprendizado ou, como afirma De Masi, em ócio criativo.

Respostas

Capítulo 1
Atividades de autoavaliação

1. e
2. d
3. e
4. d
5. b

Capítulo 2
Atividades de autoavaliação

1. a
2. d
3. a
4. e
5. c

Capítulo 3
Atividades de autoavaliação

1. a
2. c
3. b
4. c
5. a

Capítulo 4

Atividades de autoavaliação

1. c
2. a
3. d
4. b
5. c

Capítulo 5

Atividades de autoavaliação

1. e
2. d
3. c
4. a
5. a

Capítulo 6

Atividades de autoavaliação

1. a
2. a
3. c
4. b
5. c

Sobre os autores

Gisele Maria Schwartz é licenciada em Educação Física pela Universidade de São Paulo (USP – 1975), mestre em Educação Física pela Universidade Estadual de Campinas (Unicamp – 1991), doutora em Psicologia Escolar e do Desenvolvimento Humano pela USP (1997) e livre-docente em Atividades Expressivas pela Universidade Estadual Paulista (Unesp – 2004). Fez estágio pós-doutoral na Université du Québec à Trois-Rivières (UQTR – 2011), no Canadá, atuou como *visiting fellow* na Universidade de Birmingham, no Reino Unido (2013), e fez estágio sênior/Capes na Universidade de Lisboa (ULisboa – 2016), em Portugal. É professora adjunta na Universidade Estadual Paulista Júlio de Mesquita Filho (Unesp), com atuação no Programa de Pós-Graduação em Ciências da Motricidade, linha de pesquisa Educação Física, Esporte e Lazer/Formação Profissional e Campo de Trabalho, e no Programa de Pós-Graduação em Desenvolvimento Humano e Tecnologias, linha de pesquisa Tecnologias, Corpo e Cultura, atuando, principalmente, com os seguintes temas: psicologia do lazer, atividades de aventura, ambiente virtual, *e-tourism*, *e-sports*, educação física, atitude e conduta lúdicas, gestão do esporte e gestão da informação sobre lazer. É membro pesquisador no Laboratório de Estudos do Lazer (LEL); membro do Centro de Estudos de Desenvolvimento do Desporto-Noronha Feio (CEDD-NF), da Faculdade de Motricidade Humana (FMH), Universidade de Lisboa.

Giuliano Gomes de Assis Pimentel é bacharel e licenciado em Educação Física pela Universidade Federal de Viçosa (UFV – 1996), mestre e doutor em Educação Física pela Universidade Estadual de Campinas (Unicamp – 1999, 2006). Tem Pós-PhD pela Universidade de Coimbra (UC – 2010) e Pós-Doutorado pela Universidade Federal do Rio Grande do Sul (UFRGS – 2011), além de estágio sênior na Universidade de Münster (WWU – 2015), Alemanha. Atua como professor associado da Universidade Estadual de Maringá (UEM), na graduação (licenciatura e bacharelado) e no Programa Associado UEM/UEL de Pós-Graduação em Educação Física (mestrado e doutorado). Coordena, desde 2000, o Grupo de Estudos do Lazer (GEL). Tem experiência na área de educação física, atuando principalmente com os seguintes temas: recreação, aventura, integração biossocial, educação física infantil e lazer.

Marcos Ruiz da Silva é graduado em Educação Física pela Universidade Estadual de Londrina (UEL – 1989) e tem aprofundamento em Administração Esportiva pela Unidade de Estágios da Universidade Federal do Paraná (UE/UFPR – 2001) e especialização em Educação Física Escolar (1995) e em Administração de Recursos Humanos (1996) também pela UFPR. É mestre em Educação Física pela UFPR (2007) e doutor em Educação Física pela Universidade Estadual de Maringá (UEM – 2017). Atualmente, é coordenador da área de Linguagens Cultural e Corporal da Escola de Educação do Centro Universitário Internacional (Uninter). Tem experiência na área de educação, com ênfase em educação física, atuando principalmente com os seguintes temas: recreação e lazer, ludicidade, metodologia do ensino, atividade física--lazer-educação, turismo-hotelaria, administração esportiva e esporte. É professor dos cursos de Educação Física, Pedagogia, Artes Visuais e Música no Uninter. Também acumula experiência na área de gestão do esporte e lazer, atuando em clubes sociorrecreativos e na organização e promoção de eventos de esporte e lazer para empresas públicas e privadas.

Os papéis utilizados neste livro, certificados por instituições ambientais competentes, são recicláveis, provenientes de fontes renováveis e, portanto, um meio **responsável** e natural de informação e conhecimento.

Impressão: Reproset
Agosto/2023